L'autodiscipline quotidienne

Habitudes et
exercices quotidiens
pour développer l'autodiscipline
et atteindre tes objectifs

Par Martin Meadows

Inscris-toi à ma newsletter

J'aimerais rester en contact avec toi. Inscris-toi à ma newsletter et reçois mes nouvelles publications, des articles gratuits, des cadeaux et autres e-mails importants de ma part.

Inscris-toi en cliquant sur le lien ci-dessous :
http://www.profoundselfimprovement.com/frnews

Table des matières

Inscris-toi à ma newsletter 2

Table des matières 3

Prologue 4

Chapitre 1 : Les clés fondamentales de l'autodiscipline 8

Chapitre 2 : Dans la vie, l'excellence physique mène à la maîtrise 20

Chapitre 3 : L'inconfort développe le caractère 67

Chapitre 4 : Vis avec intention 104

Chapitre 5 : Épuisement professionnel et découragement ; il ne s'agit pas que d'autodiscipline 126

Épilogue 147

Inscris-toi à ma newsletter 150

Peux-tu aider ? 151

À propos de Martin Meadows 152

Prologue

Je n'ai pas toujours été une personne disciplinée. Dans le passé, je ne pouvais même pas me plier aux routines les plus simples : j'avais une alimentation malsaine, je faisais peu d'exercice (j'étais donc en surpoids) et je n'avais pas la discipline nécessaire pour m'engager dans un processus de changement.

Aujourd'hui, je respecte une routine stricte. Je suis matinal, je vais à la salle de sport trois fois par semaine et je pratique régulièrement plusieurs autres sports comme le tennis, le cyclisme et la natation. Je maintiens une alimentation saine et travaille constamment à de nouveaux objectifs stimulants pour devenir une meilleure personne.

Il m'a fallu des années avant que je comprenne enfin ce qu'est la discipline et comment la mettre en place dans ma situation. Maintenant, j'aimerais partager ce que j'ai appris avec toi.

Dans mon premier livre sur l'autodiscipline, *Comment développer l'autodiscipline : Résiste aux tentations et atteins tes objectifs à long terme*, j'aborde le sujet du renforcement de l'autodiscipline du point de vue du développement de la maîtrise impulsive de soi.

Dans ce livre, tu vas apprendre les trucs et astuces pour développer une autodiscipline quotidienne à long terme, plutôt que la simple volonté dans une situation donnée. Alors que *Comment développer l'autodiscipline* est plus axé sur les techniques pour traiter des problèmes spécifiques, *L'autodiscipline quotidienne* s'affaire sur l'ambition de devenir une personne plus disciplinée chaque jour, en utilisant avec succès cette compétence dans le développement personnel.

En plus de discuter de conseils pour t'aider à développer ton autodiscipline, nous discuterons de diverses manières de devenir une personne plus forte mentalement. Si tu as du mal à persévérer lorsque tu rencontres des obstacles, ou si tu as l'impression de manquer de volonté pour continuer lorsque tu n'as plus de motivation et que tu t'en sens gêné, *L'autodiscipline quotidienne* est pour toi.

Comme dans tous mes livres, je passe peu de temps à discuter de la théorie mais je partage plutôt avec toi des exercices pratiques que tu peux appliquer dans ta vie. Considère ce livre comme un menu, dans lequel tu peux choisir différentes techniques pour voir laquelle te convient le mieux (et laquelle produit les meilleurs résultats).

Chaque chapitre est résumé pour t'aider à synthétiser et à te rappeler ce que tu viens de lire, afin d'avoir toujours à disposition la possibilité de te remémorer ce dont tu as besoin en revenant sur une section.

Pour éviter de répéter les closes de non-responsabilité tout au long du livre, je te demande de faire preuve de prudence chaque fois que tu suis mes conseils, en particulier ceux liés à ta santé.

Je ne suis ni médecin, ni psychologue, ni prêtre, ni quelqu'un ayant des références formelles pour te dire ce que tu dois faire de ta vie. Je ne suis pas qualifié pour prendre des décisions à ta place ou te donner des conseils de santé, en particulier si tu souffres de maladies chroniques telles que le diabète, l'hypertension ou une maladie mentale de toute nature (y compris une dépression légère).

Chapitre 1 : Les clés fondamentales de l'autodiscipline

Aimerais-tu réussir quand tu fais un régime plutôt que d'être une personne de plus qui échoue ?

Aimerais-tu devenir un homme d'affaires prospère plutôt qu'un entrepreneur aspirant ?

Aimerais-tu être sur le devant de la scène plutôt qu'en coulisses ?

Tout commence par un engagement dans le processus et par la conviction inébranlable que ta stratégie va fonctionner.

Suivre un régime est un parfait exemple du pouvoir de l'engagement.

Dans un article écrit par Rena R. Wing et Suzanne Phelan[1], les auteurs soulignent que malgré « une perception générale que peu de personnes parviennent à maintenir leur perte de poids sur le long terme, les recherches montrent qu'environ 20% d'individus en surpoids qui réussissent sur le long terme perdent 10% de leur poids d'origine et maintiennent cette perte pendant au moins un an. »

Elles citent également l'exemple des membres du National Wight Control Registry qui ont perdu en moyenne 33 kilos et ont maintenu cette perte pendant plus de cinq ans.

Leur secret ? L'engagement.

Ces personnes ont déclaré faire une activité physique intense (en moyenne au moins une heure par jour), suivre un régime alimentaire hypocalorique, surveiller leur poids et maintenir un régime alimentaire stricte pendant les jours de semaine et les week-ends. Il n'y avait rien de magique dans leur régime.

Comme les auteurs du document le soulignent, après que ces individus ont maintenu avec succès leur perte de poids pendant 2 à 5 ans, les chances de succès à long terme sont considérablement accrues.

Que se passe-t-il durant ces deux à cinq années, qui rend le succès plus probable ? C'est le moment où tu développes l'autodiscipline à long terme, qui est le résultat d'une stratégie appliquée jour après jour.

Quand j'avais 21 ans, j'avais 13 kilos en trop. Quand j'ai finalement réalisé que ça ne pouvait pas durer, j'ai choisi un régime qui me convenait (c'était le régime sucres lents de Tim Ferriss[2]) et je m'y suis tenu pendant plusieurs mois. C'était la première fois que j'essayais de perdre du poids.

J'ai appris les directives et les ai suivies à la lettre, y compris le cheat day obligatoire à la fin de chaque semaine (et attention, je l'ai pris au sérieux, tu n'imagines pas la quantité de nourriture que j'avalais chaque cheat day tout en perdant toujours du poids chaque semaine).

Contrairement à la majorité des personnes qui suivent un régime, j'ai réussi tout de suite. Je n'ai pas eu besoin d'essayer plusieurs régimes différents. J'ai atteint mon objectif en environ trois mois. Je n'ai jamais repris de poids. Tout comme les sujets de l'étude, le maintien d'un poids santé est devenu facile une fois que j'avais changé mes habitudes et que je m'y suis tenu.

Pourquoi n'ai-je pas essayé des dizaines de régimes avant de perdre du poids ?

Parce que j'ai compris que l'important n'était pas le régime que tu suis (tant que ce n'est pas un régime alimentaire ridicule où tu ne manges qu'un seul aliment), mais que tu y adhères et crois en son efficacité.

Du point de vue de la perte de poids, la clé n'est pas le régime alimentaire en lui-même. La clé est ta capacité à adhérer à un régime spécifique et à le suivre jusqu'à ce que tu atteignes ton objectif. J'ai également eu la chance de croire aveuglément que mon régime allait fonctionner. Je n'étais pas tenté d'essayer un autre régime. Ma certitude m'a assuré que je n'avais pas à sauter d'un régime à un autre pour atteindre mon objectif.

Une chose cruciale à souligner ici est la croyance que mon régime fonctionnerait. Aurais-je la discipline et la détermination de continuer si je n'étais pas sûr de l'objectif final ? J'en doute. Lorsque tu allies la conviction à l'engagement, tu obtiens l'association parfaite.

Cette approche pour le régime peut être appliquée dans tous les autres domaines de la vie, en acceptant que ce n'est pas ce que tu fais, mais la façon constante de le faire associée à une conviction inébranlable qui te permettront d'atteindre ton objectif.

J'ai appliqué la même approche à la confiance en soi, à l'apprentissage des langues, au sport, à l'économie, à l'écriture et aux affaires. Le principe le plus important, l'engagement, est devenu une source cruciale de mon autodiscipline et de ma recette spéciale pour l'accomplissement.

Cependant, l'engagement n'est pas toujours facile. En fait, dans la majorité des cas, nous devons faire face aux doutes et aux obstacles plus d'une fois avant d'atteindre nos objectifs. Et c'est pourquoi nous devons apprendre à faire face à un autre grand « A » : l'adversité.

Le meilleur ami/ennemi de l'engagement : l'adversité

Tu n'as pas besoin d'autodiscipline quand les choses se passent bien. Après tout, qu'est-ce qui peut te tenter d'abandonner si tu gagnes ?

Peu de gens abandonnent un régime le premier jour ou arrêtent leurs programmes d'entraînement au milieu de la première séance.

C'est seulement quand les choses deviennent plus difficiles, quand tu n'as plus la motivation initiale, que tu perds en discipline et en détermination. Les gens qui sont capables de faire face à l'adversité sont mieux préparés à vaincre leur faiblesse et continuent malgré la tentation d'abandonner.

Et comment arrives-tu à mieux gérer l'adversité ? Tu l'introduis dans ta vie et tu en fais ton allié. Lorsque tu deviens plus à l'aise dans des circonstances défavorables, tu peux mieux les gérer.

Le but de ce livre est de partager avec toi des habitudes et exercices pour développer ta force mentale, et par conséquent, ta capacité à t'épanouir même face à l'adversité.

Ton autodiscipline s'intensifiera lorsque tu seras face à des situations déplaisantes et que tu les affronteras. Tu deviendras également plus déterminé et plus motivé, car le fait de franchir des obstacles et d'atteindre des objectifs malgré l'adversité t'enseignera la rage de vaincre.

Exercice : Stimule ta motivation avec cette astuce simple

Il existe un vieil adage tiré des écrits de poètes soufis perses du 11ème siècle. Il raconte l'histoire d'un roi puissant qui demande aux hommes sages de créer une bague qui lui remonte le moral quand il est triste. Les sages lui tendent un anneau avec les mots « cela aussi passera » gravés dessus[3].

Abraham Lincoln a incorporé l'histoire dans son discours devant la Wisconsin State Agricultural Society à Milwaukee le 30 septembre 1859 :

« On dit qu'un monarque oriental a une fois chargé ses sages de lui inventer une phrase, d'être toujours en vue, et qui devrait être vraie et appropriée dans tous les temps et toutes les situations. Ils lui ont présenté les mots : « Et cela aussi passera. » Combien elle exprime ! Combien tempérante dans les moments de fierté ! Combien consolante dans les profondeurs de l'affliction ![4] »

Chaque fois que tu te sens découragé en essayant l'un des exercices ou l'une des habitudes décrites dans ce livre, utilise cette astuce simple pour rajuster tes perspectives.

Que tu sois confronté à l'adversité parce que tu y es volontairement opposé (en te forçant à te réveiller à six heures du matin) ou en raison de circonstances imprévisibles, te rappeler que tout finit par passer est une astuce puissante pour t'aider à endurer la gêne.

J'utilise régulièrement cette astuce pour rester concentré, et quoi qu'il arrive, je me rappelle que c'est temporaire et que la roue finit toujours par tourner. Cela semble simpliste, mais ça marche ; essaye.

Comment construire une conviction inébranlable en la réussite

Bien que tu ne puisses jamais savoir à 100% que tu atteindras tes objectifs (le doute est toujours là, même s'il n'est jamais exprimé), tu peux prendre des mesures pour avoir plus confiance en toi et être plus discipliné.

L'astuce consiste à regarder ce que les autres ont fait pour atteindre le même but et les imiter. En suivant une stratégie qui a fonctionné pour quelqu'un d'autre, tu te débarrasseras de beaucoup d'incertitudes qui surviennent lorsqu'on se trouve sur chemin rarement parcouru.

S'il existe des centaines ou des milliers de personnes qui ont suivi une stratégie spécifique et qui ont réussi, rien ne t'empêche de réussir.

Si ton objectif est de perdre du poids, choisis un régime dont tu pourras lire beaucoup de témoignages authentiques et voir des photos avant / après.

Si tu veux monter une entreprise, apprends auprès d'entrepreneurs expérimentés qui ont aidé des centaines d'autres nouveaux entrepreneurs.

Si tu veux acquérir une compétence difficile, apprend-la de quelqu'un qui a beaucoup d'expérience dans l'enseignement (et idéalement, beaucoup d'expérience avec l'enseignement en général pour qu'elle puisse mieux comprendre ta situation).

Une connaissance que tu apprends de quelqu'un qui a atteint le même objectif confortera ton idée car tu emprunteras un chemin déjà exploré au lieu d'errer sur une route inconnue.

Lorsque tu associes cette conviction à l'engagement et à un état d'esprit approprié (« cela aussi passera »), tu auras les outils de base pour commencer à développer une détermination inébranlable pour persévérer, peu importe les circonstances.

Toutes les idées partagées dans ce livre t'aideront à long terme. Le but est de booster ton autodiscipline de base, et non de te donner un sentiment d'auto-contrôle temporaire parce que tu as surmonté une petite tentation.

Ces clés fondamentales à l'esprit, passons à des exercices et habitudes plus spécifiques que tu pourras introduire dans ta vie pour développer ta propre discipline. Garde à l'esprit que l'objectif de ces exercices est la découverte de soi ; t'aider à trouver ce qui fonctionne ou ne fonctionne pas pour toi en termes de renforcement de l'autodiscipline.

LES CLÉS FONDAMENTALES DE L'AUTODISCIPLINE : RÉCAPITULATIF

1. Les clés fondamentales de l'autodiscipline sont l'engagement (adhérer à une stratégie spécifique jusqu'à ce que tu atteignes ton objectif) et la conviction que ta stratégie à long terme va fonctionner.

2. Tu n'as pas besoin d'autodiscipline quand les choses se passent bien. C'est seulement quand les stratégies chancèlent que tu es tenté d'abandonner. Par conséquent, tu dois t'entraîner à gérer l'adversité. La meilleure façon de devenir plus apte à faire face à des circonstances défavorables est de s'impliquer délibérément, ce dont il est question dans ce livre.

3. Chaque fois que tu sens que l'adversité est trop difficile à gérer, rappelle-toi que « cela aussi passera ». Chaque défi de la vie est temporaire et tu peux gérer davantage que tu ne le penses, si tu te rappelles que les choses finiront inévitablement par aller mieux.

4. Tu dois avoir une conviction inébranlable en ta stratégie pour faciliter l'engagement. Idéalement, suis

les conseils experts venant d'une personne aguerrie qui a beaucoup d'expérience dans le monde réel. Par exemple, lorsque tu veux perdre du poids, choisis un régime qui a fait maigrir des milliers de personnes. S'il s'agit de monter une entreprise, inspire-toi de l'idée d'un entrepreneur à succès, de préférence dans l'industrie qui t'intéresse. Lorsque tu apprends une nouvelle compétence, adopte la stratégie d'action établie par un enseignant expérimenté.

Chapitre 2 : Dans la vie, l'excellence physique mène à la maîtrise

Peu de gens sont de meilleurs exemples d'autodiscipline et d'engagement que les athlètes professionnels.

Ce qu'une personne lambda voit lorsqu'elle regarde un sportif de haut niveau, comme un joueur de tennis de renommée, ce sont ses capacités qui semblent naturelles, faciles. Elle en conclut : « Il est né comme ça. Il a un don. »

Elle ne peut pas être plus loin de la vérité.

Ce qu'elle voit est un événement : l'acte de gagner. Ce qu'elle ne voit pas, ce sont des milliers d'heures d'entraînement, son corps endolori, ses matchs perdus et tout ce qui a contribué à faire de lui le joueur de tennis qu'il est aujourd'hui.

Il n'est pas né avec ces capacités, ce qui vaut pour tous. C'est le résultat d'un long processus qui requiert des années ou des décennies de pratique, et non des jours ou des semaines.

Une partie de sa réussite pourrait avoir un rapport avec son talent inné ; des forces physiques, comme une excellente coordination œil-main. Cependant, si ce n'était grâce à l'autodiscipline quotidienne qui exploite ces forces, il ne serait jamais devenu un joueur de tennis de classe mondiale.

Travailler sur ton physique pour augmenter ta vitesse, ta force ou ta souplesse est une parfaite introduction à l'autodiscipline. Tu n'atteindras aucun de ces objectifs sans dévouement, sans mise en place d'une stratégie à long terme et sans détermination.

Selon une recherche menée par Centers for Disease Control and Prevention, 34,9% des adultes américains sont obèses[5]. En d'autres termes, on peut dire qu'une grande partie du monde occidental possède peu d'expérience sportive sur le long terme pour développer de fortes habitudes d'autodiscipline et de persévérance. Cas contraire, ces personnes ne seraient probablement pas obèses, car le développement de ces traits génère des changements de style de vie permanents qui ne sont pas favorables à l'obésité.

Charles Duhigg, auteur du livre *Le pouvoir des habitudes*[6], appelle l'activité physique régulière une habitude clé, capable d'introduire plusieurs habitudes plus positives comme effets secondaires du premier changement. Une étude menée par Steven N. Blair, David R. Jacobs Jr. et Kenneth E. Powell montre[7] que l'activité physique régulière peut conduire à réduire la suralimentation, le tabagisme, la consommation d'alcool et la prise de risque. En ajoutant l'activité physique à ta routine quotidienne, tu peux développer ces habitudes secondaires positives presque automatiquement.

Pour cette raison, l'excellence physique est un point essentiel pour une vie disciplinée. Je ne parle pas de devenir un athlète de renommée ou un être humain parfaitement sculpté, mais de travailler constamment pour ta santé et ta forme physique, conformément à tes capacités et à ta génétique, sans te comparer aux autres.

Comme tu ne peux pas obtenir un corps musclé en seulement quelques mois, cette activité est parfaite à observer comme l'une de tes habitudes quotidiennes de développement d'autodiscipline. Lorsque tu adhères à une routine spécifique pendant des mois ou des années et que tu commences à voir les résultats, tu ne peux qu'apprendre à respecter le processus. C'est lorsque tu passes d'une vie orientée sur le résultat à une vie orientée sur le processus que se produit la magie.

Comme MJ DeMarco, auteur à succès de *The Millionaire Fastlane : Crack the Code to Wealth and Live Rich for a Lifetime*[8], a écrit dans son livre : « Le succès exige un exercice concentré sur le voyage et les outils de ce voyage (processus) par opposition à la destination (résultat). »

Habitude : Suivre religieusement une stratégie d'entraînement

Aller à la salle de sport (ou toute autre forme d'activité physique faite régulièrement) est un bon indicateur de la discipline dont tu fais preuve.

Une méta-analyse menée par Ryan Rhodes à l'Université de Victoria en Colombie-Britannique et Gert-Jan de Bruijn à l'Université d'Amsterdam[9], montre que parmi les personnes qui prennent des résolutions de fin d'année liées au fitness, 46% d'entre elles abandonnent en juin.

Les statistiques sur les abonnements en salle de sport par International Health, Racquet & Sportsclub Association[10] montrent des chiffres encore plus mauvais ; 67% des personnes qui ont un abonnement en salle de sport ne les utilisent jamais. Les salles de sport génèrent plus de profit avec les gens qui ne les utilisent pas qu'avec ceux qui les utilisent.

Devinons à quel point ces gens sont disciplinés ...

Il y a deux aspects à considérer pour obtenir un physique idéal : le premier est l'activité physique et le deuxième – sans doute le plus important – est de maintenir un régime alimentaire sain.

L'activité physique régulière et une alimentation saine exigent une dose de discipline quotidienne. Lorsque tu suivras ces deux habitudes au quotidien, tu développeras une puissante source de discipline que tu pourras utiliser pour atteindre d'autres objectifs dans ta vie.

Commençons par l'activité physique. Puisque ce n'est pas un livre de fitness, je ne vais pas te donner une stratégie précise à suivre. Tout comme il n'y a pas de stratégie parfaite pour suivre un régime, il n'y en a pas non plus pour l'activité physique.

La seule exigence est d'introduire une sorte de système de suivi dans ton planning hebdomadaire et de t'y tenir. Par exemple, tu t'entraîneras en moyenne une heure par jour, quoi qu'il arrive. Ni le temps, ni la paresse, ni tes amis qui viennent passer le week-end ne t'empêcheront de faire ta session d'entraînement.

Je suis friand de l'haltérophilie et autres types d'exercices anaérobiques qui peuvent renforcer les muscles et t'aider à atteindre un physique plus fort et avantageux (et cela s'applique aussi bien aux hommes qu'aux femmes ; mesdames, n'ayez pas peur, vous ne deviendrez pas corpulentes).

L'exercice anaérobique est caractérisé par une courte durée (jusqu'à 2 minutes[11]), d'activités à forte intensité, qui entraîne une augmentation de la force, de la vitesse, de la puissance et de la masse musculaire.

On peut nommer :

- l'haltérophilie : comme déjà mentionné, c'est probablement le meilleur choix pour la plupart des gens en raison de sa capacité à développer tout le corps dans une parfaite harmonie (contrairement aux croyances populaires, l'haltérophilie ne consiste pas à développer d'énormes biceps, mais à développer un corps proportionnellement fort).

- le sprint : en particulier les sprints en côte, plus sûrs pour les articulations, plus efficaces pour la perte de graisse, et beaucoup plus exigeants que les sprints réguliers sur terrain plat[12].

- la natation : lorsqu'on fait de courtes périodes d'activité intense au lieu d'un marathon d'une heure.

- le yoga : il peut être une façon saine de développer un corps mince et harmonieux pour les deux sexes. Le maintien de poses désagréables est, en soi, un excellent exercice de renforcement de la discipline.

- la gymnastique (exercices de poids corporel) : elle peut être une bonne alternative à l'haltérophilie, si tu tends constamment vers des exercices plus difficiles.

Tous ces sports soutiennent la construction d'un corps équilibré, musclé et sain. Obtenir ces résultats est crucial dans le développement de ta discipline. Le progrès et la récompense vont alimenter tes efforts pour continuer malgré les difficultés, bien que, idéalement, une grande partie de ta motivation devrait venir de l'intérieur, indépendamment des résultats.

En plus de l'activité anaérobique, il est bon d'introduire de la diversité dans tes entraînements et d'effectuer aussi certaines activités aérobiques.

Je ne les fais pas principalement pour les bienfaits sur la santé (qui sont évidemment importants), mais pour le plaisir et leur capacité à réduire le stress (note simplement qu'il faut au moins 10 semaines d'exercice régulier pour expérimenter un changement important de ton niveau de stress[13]).

Tout est aussi lié à la discipline ; un individu détendu a beaucoup plus de facilité à résister aux tentations et à respecter sa stratégie qu'une personne surmenée.

Voici quelques idées d'exercices aérobiques qui sont très agréables et qui offrent des avantages incroyables pour la santé :

- le cyclisme : les longues sorties peuvent être exigeantes non seulement physiquement, mais aussi mentalement, ce qui en fait un sport parfait pour le développement de l'autodiscipline.

- la marche ou le footing : simple, facile, pas cher, et l'ivresse du coureur[14] est agréable.

- le tennis : sans doute l'un des sports les plus difficiles nécessitant beaucoup d'autodiscipline pour maîtriser ne serait-ce que les bases.

- le roller : un exercice amusant qui donne l'impression de ne pas faire d'exercice.

- la natation : quand elle n'est pas pratiquée en courtes périodes d'activité intense. Un des meilleurs types d'activités pour les personnes obèses (la natation est plus douce pour les articulations que, par exemple, le jogging).

- les arts martiaux : un aspect énorme des arts martiaux est le développement mental, ce qui en fait un exercice holistique parfait.

Comment ne jamais abandonner ton programme d'entraînement

Les cinq raisons les plus courantes pour lesquelles les gens abandonnent leur programme d'entraînement (et perdent par la suite leur autodiscipline) sont :

1. Le mauvais type de motivation

Il y a deux types de motivation : interne et externe.

Denis Coon, auteur de best-sellers dans le domaine de la psychologie, définit la motivation interne (aussi connue sous le nom de motivation intrinsèque) comme quelque chose qui se produit « quand nous agissons sans récompenses externes évidentes. Nous apprécions simplement une activité ou la voyons comme une opportunité d'explorer, d'apprendre et d'actualiser nos potentiels »[15].

La motivation externe, aussi connue sous le nom de motivation extrinsèque, est définie par les psychologues sportifs Peter Terry et Costas Karageorghis, comme une motivation qui peut « provenir de l'extérieur, comme gagner des médailles, recevoir des récompenses financières et attirer l'attention des médias. C'est ce qu'on appelle une motivation externe, ou extrinsèque, car elle implique la participation au sport pour une sorte de récompense extérieure au processus de participation »[16].

Le type de motivation dont tu as besoin pour adhérer à ton programme d'entraînement et développer ton autodiscipline est la motivation intrinsèque. Tout comme tu ne devrais pas développer ton autodiscipline uniquement parce que tu veux impressionner quelqu'un, tu ne devrais pas aller à la salle de sport seulement parce que tu penses que quelqu'un te félicitera ou t'admirera pour cela.

Si tu t'entraînes principalement parce que tu t'attends à une certaine récompense et que tu en tires peu ou pas du tout de plaisir personnel, reconsidère ta motivation.

Tu développes ton autodiscipline quand tu continues à faire quelque chose simplement parce que cela t'aide à exploiter ton plein potentiel et non parce que cela te met en valeur aux yeux des autres ou t'offre des récompenses.

Si tu ne parviens pas à trouver une motivation intrinsèque, essaye un sport différent, plus agréable, qui t'encouragera à explorer, apprendre ou actualiser ton potentiel. Dans tous les cas, si tu le détestes, tu ne le feras pas à long terme. À ce propos, la deuxième raison est ...

2. Le manque de plaisir

Avoir beaucoup de discipline, c'est fantastique, mais cela ne signifie pas que tu dois toujours choisir des choses que tu n'aimes pas (ne pas confondre avec faire des choses qui sont désagréables dans un but de développement).

En 1997, des chercheurs de l'Université de Rochester et de l'Université du Sud de l'Utah ont mené une étude sur la motivation intrinsèque et l'observance de l'exercice[17]. Un groupe de personnes a participé à des cours de Tae Kwon Do, tandis que l'autre groupe a suivi des cours d'aérobic.

Le premier groupe avait une meilleure observance que le second parce que les personnes se concentraient sur le plaisir, la compétence et l'interaction sociale. En d'autres termes, elles ont choisi de participer à un type de cours de fitness qu'elles aimaient et non à un cours qui visait spécifiquement à les aider à atteindre leurs objectifs de fitness.

Les deux choix auraient pu être tout aussi désagréables pour elles (si elles n'étaient pas habituées à un exercice physique régulier), mais c'était le Tae Kwon Do qu'elles appréciaient davantage ; et c'est la même approche que tu devrais suivre lorsque tu mets en place des changements désagréables (comme faire plus d'exercice ou changer ton régime alimentaire).

Si tu n'aimes pas ton plan d'entraînement, change-le. Essaye de choisir au moins un exercice de chaque type (anaérobie et aérobie). Si tu vas dans une salle de sport, personne ne dit que tu dois utiliser telle ou telle machine ; il existe plusieurs façons d'atteindre les mêmes objectifs (bien qu'une approche simple avec des poids libres soit généralement la plus optimale[18]).

Si je recommande des exercices aérobiques, cela ne signifie pas que tu dois aller à un cours à ta salle de sport. En fait, je suis contre parce que je ne peux pas imaginer une façon plus ennuyeuse de faire de l'exercice que de passer une heure dans une pièce à faire des sauts et d'autres exercices cauchemardesques dont je me souviens dans mes cours d'EPS.

Amuse-toi quand tu bouges ; joue au tennis avec un ami, fais un footing avec ton chien, du vélo et explore ton environnement. Fais un tour en kayak avec un groupe d'amis. Moins cela ressemblera à un entraînement, plus il sera facile de l'intégrer de manière permanente dans ta vie.

3. Le manque de soutien

Il est agréable d'avoir assez d'autodiscipline pour atteindre ses objectifs sans avoir à demander de l'aide des autres. Cependant, cela ne signifie pas que c'est la meilleure façon de faire. En fait, le soutien d'autres personnes peut souvent contribuer ou nuire à tes résolutions.

Une étude menée par Brandon C. Irwin à l'Université d'État du Michigan et ses collègues montre que l'entraînement avec un partenaire améliore les performances sur les exercices aérobiques[19]. Une étude différente menée par les mêmes chercheurs suggère que travailler avec un partenaire légèrement meilleur que soi rend les individus plus persistants[20].

Cela est dû à l'effet Kohler[21], un phénomène selon lequel une personne travaille plus dur en tant que membre d'un groupe que lorsqu'elle travaille seule. Si tu peux travailler plus dur et développer une meilleure discipline en travaillant en groupe, pourquoi ne pas en profiter et obtenir du soutien ?

4. Des attentes inappropriées

L'activité physique régulière améliore ton autodiscipline en t'apprenant deux choses : comment adhérer à une stratégie spécifique et comment être patient en attendant les résultats. Cependant, si tu commences ton programme d'entraînement avec les mauvaises attentes, il est probable que tu abandonnes avant d'améliorer ton endurance mentale.

En raison du phénomène du syndrome des faux espoirs (faire de fréquentes tentatives d'auto-changement tout en déterminant des attentes irréalistes quant à la vitesse, la quantité, la facilité et les conséquences)[22], tu risques de te fixer des objectifs irréalistes et d'attendre des résultats peu réalisables dans le temps imparti. Pour éviter le découragement, recherche les résultats auxquels tu peux t'attendre de façon réaliste et définis-les comme objectifs. En construisant l'autodiscipline, les petites victoires sont plus importantes que de viser les étoiles et de ne même pas atterrir sur la lune.

5. Un manque de temps

Un manque de temps est généralement la raison la moins légitime pour abandonner un programme d'entraînement, car cela cache un autre genre de problèmes. Si tu ne peux pas trouver le temps de prendre soin de ton corps, alors le problème n'est pas ton manque de temps, mais ton manque de priorités. Peu de gens seraient en désaccord sur le fait que la santé est la chose la plus importante dans la vie, mais leur vie ne reflète pas cela.

Dans ce cas, tu as besoin de discipline pour identifier tes valeurs et, plus important encore, concevoir ta vie de manière qu'elle les reflète. Si la santé est l'une de tes principales valeurs dans la vie (et elle devrait l'être, car tout le reste importe peu si tu ne te sens pas bien), sacrifie l'une de tes valeurs inférieures (par exemple, gravir les échelons).

Pour te donner un exemple vécu, j'ai plusieurs règles concernant les types d'entreprises que je peux gérer. Par exemple, j'évite délibérément d'embaucher des employés à temps plein, car les avantages d'une augmentation de gains potentiels sont inférieurs aux inconvénients pour la santé (cela génère beaucoup de stress).

Je pourrais probablement gagner plus d'argent en agissant contre mes principes (la plupart des entrepreneurs conviennent que tu peux accomplir beaucoup plus si tu as une équipe d'employés à temps plein), mais ma santé est plus importante que la richesse matérielle, donc je suis plus à l'aise avec ce compromis.

Quel genre de compromis as-tu faits dans ta vie, et reflètent-ils tes propres valeurs ?

Est-ce que tu valorises la famille et la santé plus que ta carrière, mais passes 60 heures par semaine à travailler sans véritable stratégie pour réduire ta charge de travail ? Il est peut-être temps de déterminer comment changer le ratio temps travail-famille.

Si tu évites ces cinq raisons les plus courantes, tu auras beaucoup plus de facilité à suivre ta routine d'entraînement et, par conséquent, à développer une autodiscipline durable. N'oublie pas, cependant, que tous ces problèmes sont là pour t'aider à devenir plus fort ; c'est ton travail de les comprendre, non pas de les utiliser comme excuse pour abandonner.

Mission secondaire : Gagne contre toi-même

Tu développes la volonté principalement quand tu n'as pas envie de faire quelque chose mais que tu le fais quand même. Dans le cas d'un entraînement, cela signifie d'aller à la salle et de soulever des poids (ou faire ta routine de sprint / nage de forte intensité) malgré un manque d'énergie ou de motivation.

Si un jour je me sens fatigué, faible, et généralement peu disposé pour une séance d'entraînement, je me rappelle que c'est la journée d'entraînement la plus importante pour moi. C'est à ce moment que ma discipline est vraiment mise à l'épreuve et qu'elle se renforce ; si je gagne contre mes faiblesses.

Si tu peux effectuer une séance d'entraînement malgré un léger rhume (si tes symptômes sont surtout « dans ta tête » ce n'est pas un problème[23]), la gueule de bois, une mauvaise journée en général ou toute autre excuse minime, tu as déjà des points d'avance. Ces petites victoires s'accumulent et renforcent ta détermination, comme un muscle. Si tu peux le faire régulièrement pendant des années, tu auras probablement assez de discipline pour réaliser tout ce que tu veux dans la vie.

Maintenant, ne te méprend pas et n'agis pas malgré ton corps (j'en parlerai plus en détail dans un chapitre ultérieur). Si tu éprouves des symptômes négatifs depuis plusieurs jours, ne sois pas imprudent. Arrête de t'entraîner, détermine ce qui ne va pas (pas assez de repos, trop de stress, une maladie persistante, etc.), et recommence quand tu es prêt.

Pour éviter l'épuisement, fais une pause d'une semaine environ tous les trois mois. Une étude japonaise sur l'entraînement et l'arrêt de celui-ci, dirigée par Riki Ogasawara, a montré que même trois semaines de repos ne suffisent pas à compromettre les progrès à la salle de sport[24].

Dans l'étude, un groupe de participants a été contraint de prendre trois semaines de repos, tandis que l'autre groupe a maintenu son programme d'entraînement régulier trois fois par semaine. Au début de la neuvième semaine, le premier groupe a repris son programme d'entraînement.

Lorsque les scientifiques ont mesuré les résultats après 15 semaines, les progrès étaient égaux pour les deux groupes. En d'autres termes, les pauses stratégiques n'affecteront pas négativement tes résultats et peuvent te permettre de te reposer, en t'offrant des bienfaits à la fois psychologiques et physiques.

Une pause (et le retour subséquent à ton régime régulier) permettra de tester ton autodiscipline, ce qui est également un bienfait. Pour les personnes ayant une faible détermination, il est plus difficile de retourner à la salle après une pause, ce qui est un bon moyen de vérifier la stabilité de tes habitudes.

Si tu te sens agité au cours de ta semaine de repos et qu'il te tarde de retourner à la salle de sport, tu peux estimer que tu as développé une discipline solide dans la régularité de ton entraînement.

Habitude : Maintiens une alimentation saine

Pour la plupart des gens, dans le monde actuel, il y a peu de choses plus difficiles que de maintenir un poids sain. Il y a des tentations partout : des panneaux d'affichage publicitaires de restauration rapide bon marché, tes collations préférées en magasin, des amis qui te demandent d'aller avec eux manger un hamburger, ou tout simplement une livraison de pizzas en 30 minutes ou moins.

Heureusement, les gens ne naissent pas obèses. Sauf pour quelques conditions médicales légitimes (et cela ne s'applique pas dans plus de 99% des cas, donc tu ne peux probablement pas l'utiliser comme excuse), la seule raison pour laquelle les gens sont obèses est leur manque d'autodiscipline.

Contrôler ton poids n'est pas facultatif ; c'est obligatoire si tu veux devenir une personne autodisciplinée. Au risque de paraître incorrect, tu as peu de chances de réussir dans d'autres domaines de ta vie si tu ne peux pas faire face à quelques kilos en trop.

Comme l'explique le coach de vie Peter Sage dans sa vidéo *3 Things All Successful People Do* [25], « si tu ne prends pas le temps pour la santé, tu devras prendre le temps pour la maladie. » Comment peux-tu être discipliné et réussir quand ton corps refuse de te servir ? Et remarque que ce n'est pas un « si », c'est un « quand », si tu ne te soucies pas de ta santé.

Et ce ne sont pas les mots venant d'une personne qui a été mince toute sa vie. Moi aussi, j'étais en surpoids et assumais l'entière responsabilité de ce que j'étais. J'avais des convictions faussées au sujet de la nutrition et des valeurs personnelles artificielles ; je prenais du plaisir à manger plutôt qu'à me soucier de ma santé. De plus, c'était une décision consciente de ne pas m'éduquer pour changer cela.

Maintenant, cela ne signifie pas que je suis partisan d'un régime radical composé d'aliments fades. Tu peux profiter de tes repas tout en demeurant un être humain sain et dynamique.

Quel régime devrais-tu suivre pour de meilleurs résultats ? Il n'y a pas de réponse correcte.

Dr. David Katz du Prevention Research Center de l'Université de Yale et sa collègue de Yale Stephanie Meller, ont comparé différents régimes populaires tels qu'un régime hypoglucidique, un régime pauvre en matières grasses, un régime à faible index glycémique, un régime méditerranéen, un régime mixte / équilibré (DASH), un régime paléolithique, un régime végan, et des éléments d'autres régimes[26].

Étonnamment (ou pas, selon ton point de vue), ils n'ont trouvé aucun gagnant. Chaque régime était associé à la promotion de la santé et à la prévention des maladies dans la mesure où il s'agissait « d'aliments transformés de manière minimale, proches de la nature, provenant principalement des plantes ».

Si tu consommes principalement des aliments non transformés et que tu y restes fidèle, ton corps changera. Et quand ces nouvelles habitudes deviendront une manière de vivre pour toi (pas un régime, mais un style de vie), tu remarqueras aussi des changements dans d'autres domaines de ta vie.

Tu seras plus énergique, ce qui te permettra de passer plus de temps à faire quelque chose d'efficace et qui affecte positivement ton bien-être. Tu auras une plus grande clarté mentale qui t'aidera à apprendre de nouvelles choses et à grandir en tant que personne. De plus, tu développeras une meilleure éthique de travail qui t'encouragera à respecter tes nouvelles résolutions et à atteindre tes objectifs plus facilement.

Comment maintenir ton régime malgré les envies incontrôlables

Le plus grand défi dans la modification de tes habitudes alimentaires, c'est de passer de tes vieilles habitudes malsaines aux nouvelles, plus bénéfiques.

On ne peut nier que la plupart des gens ne peuvent pas faire face à la sensation de faim (même si cela ne fait que quelques heures depuis leur dernier repas) ou au désir de manger un repas malsain.

Alors qu'éliminer définitivement des groupes entiers d'aliments de ta vie n'est pas une approche optimale (manger est un plaisir de la vie et tu ne devrais pas t'en priver en ne mangeant jamais rien qui n'est pas 100% sain), il est nécessaire d'apprendre à gérer les envies afin de développer plus de contrôle sur ton corps.

Une personne qui peut dire non à une envie puissante est une personne qui sera plus susceptible de dire non quand elle se sentira tentée d'abandonner ou de paresser, plutôt que de travailler sur ses objectifs.

Je donne des conseils plus détaillés sur la façon de gérer les envies dans mon livre, *Comment développer l'autodiscipline : Résiste aux tentations et atteins tes objectifs à long terme*. En attendant, voici trois conseils rapides qui t'aideront à mieux gérer tes envies :

1. Distrais-toi

Dans la célèbre expérience de Stanford sur la gratification différée, les enfants ont eu le choix entre une petite récompense immédiate (une guimauve, un biscuit ou un bretzel) ou deux petites récompenses 15 minutes plus tard[27]. Pendant la période d'attente, le testeur a quitté la pièce, laissant les enfants avec la récompense alléchante à portée de main. Certains enfants ont abandonné et ont immédiatement mangé la récompense ; d'autres ont attendu et ont reçu deux récompenses.

Les études de suivi subséquentes ont montré que les enfants qui étaient capables de résister à la tentation se sont révélés avoir plus de succès dans la vie (selon les scores SAT, l'incidence des problèmes de comportement et l'IMC)[28].

Comment les enfants ont-ils fait face à la tentation, surtout en prenant en compte le manque général d'autodiscipline chez les enfants par rapport aux adultes ? Ils se sont distraits.

Comme l'avait observé le chercheur principal Walter Mischel, certains « se couvraient les yeux avec les mains ou se retournaient pour ne pas voir le plateau, d'autres commençaient à donner des coups de pied dans le bureau ou tiraient sur leurs couettes, et d'autres caressaient la guimauve comme si c'était un petit animal en peluche. »

Bien que caresser la barre de chocolat ou mettre des coups de pied dans le bureau chaque fois que tu es tenté de céder ne ressemble pas vraiment à une bonne stratégie, l'idée sous-jacente, qui est l'auto-distraction, en est une.

Supprimer les tentations visibles est la stratégie la plus simple et la plus efficace. Si tu n'as pas d'aliments interdits à la maison, il sera plus facile de résister à la tentation de grignoter.

Cela changera tout d'avoir une barre de chocolat sur ton étagère ou dans un magasin à 15 minutes de chez toi. La même chose s'applique à tous les autres éléments générateurs de tentation dans l'environnement tels que la télévision (publicités), conduire à proximité de tes lieux de restauration rapide préférés, etc.

Patienter 15 minutes afin que la tentation faiblisse est généralement suffisant pour diminuer grandement l'envie. Si elle est toujours présente, continue à te distraire (au lieu d'essayer *de ne pas* penser à la tentation, essaye de te concentrer sur autre chose) jusqu'à ce qu'elle disparaisse.

Il est utile de développer une habitude par défaut au lieu de manger des aliments gras. Par exemple, chaque fois que tu ressens l'envie d'aller à la pizzeria du coin, prends tes chaussures et va faire un footing. Bientôt, la partie de ton cerveau qui entrave ta motivation oubliera la tentation et se concentrera sur l'autre activité.

D'après l'écart d'empathie chaud-froid[29], il nous est difficile de comprendre un état opposé. Si nous sommes rassasiés, il est difficile de comprendre comment la faim peut prendre le contrôle. Si nous sommes en colère ou tristes, il est difficile de comprendre ce que c'est d'être heureux. Si nous ne sommes pas excités sexuellement, nous ne parvenons pas à prédire le genre de décisions sexuelles risquées que nous pouvons prendre quand on est excité[30].

Dans le cas d'une envie de nourriture grasse (par exemple, une tartiflette), il est difficile d'imaginer que la manger ne sera *pas* délicieux. C'est seulement quand tu cèdes que tu peux éprouver l'émotion que tu n'aurais jamais ressentie lorsque tu étais « frénétique » (ensuite tu as du mal à croire que tu n'aurais pas pu résister à la tentation étant donné que l'expérience s'avère insatisfaisante).

Il existe d'autres effets négatifs lorsqu'on cède à une envie. Par exemple, comment un certain aliment peut perturber ton estomac ou à quelle vitesse le goût peut passer de délicieux à dégoûtant. Il est difficile de penser à ces conséquences lorsque tu es dans un état de « frénésie ». Il est donc important d'être réaliste au sujet de l'état de manque en réfléchissant à tous les résultats possibles.

Au lieu d'être – encore une fois – étonné de savoir pourquoi tu as imaginé une nourriture interdite comme étant si délicieuse (et découvrir qu'elle n'est pas si bonne pour n'obtenir en récompense que la culpabilité), réfléchis-y avant de prendre la mauvaise décision. La logique ne fonctionne pas toujours pour éviter ces mauvaises décisions (c'est un besoin émotionnel), mais cela peut t'aider.

2. Ne rends pas les choses trop difficiles

Il est utile d'être autodiscipliné, mais cela ne signifie pas que tu doives rendre les choses difficiles afin de pouvoir améliorer ta volonté. Plus un régime est facile, moins tu seras susceptible de céder à une tentation et d'abandonner.

Dans mon cas, m'octroyer un cheat day chaque semaine me convainc que je ne fais que reporter mes envies pendant quelques jours. Je ne me sens pas contraint d'abandonner mes aliments gras préférés pour toujours ; c'est juste pour quelques jours. Avec le temps, j'ai cessé d'avoir ces envies. La facilité (manger tout ce que je veux un jour par semaine) a été un meilleur choix que la difficulté (bannir définitivement ce que j'aime manger).

La science convient également que les cheat meals sont importants. La suralimentation (lors d'un régime hypocalorique) fait augmenter les niveaux de production de leptine de près de 30% pendant 24 heures[31]. Cette augmentation de leptine après un cheat day, qui régule le poids corporel, stimule le métabolisme et peut également améliorer la motivation [32].

Malheureusement, seuls les cheat day riches en protéines, en glucides et en lipides ont une incidence sur les niveaux de leptine[33]. En d'autres termes, si ton seul but à travers le cheat day est d'augmenter tes niveaux de leptine, tu dois dire non à la pizza, les glaces, le chocolat et autres aliments gras. Ça ne ressemble pas à un bon cheat day, n'est-ce pas ?

Cependant, cela ne signifie pas que tu doives contrôler strictement tes cheat days. Les cheat days ont des effets physiologiques et psychologiques. Même si tu ne peux pas obtenir tous les bienfaits physiologiques parce que tu choisis de ne pas avoir une journée à faible teneur en matières grasses, tu peux toujours profiter des bienfaits psychologiques.

T'offrir une pause programmée t'empêchera de culpabiliser. Au lieu d'entrer dans le cercle vicieux de post-culpabilité (« J'ai déjà foiré, ça n'a pas de sens de se remettre sur les rails ») ce qui arrivera sûrement, vu que peu de gens peuvent adhérer à un régime strict avec 100% d'assiduité, incorpore le cheat dans ton alimentation.

Il s'agit d'un engagement à long terme, non pas de te priver de tout et espérer que tu résisteras à chaque tentation. Tant que tu maintiens des habitudes alimentaires saines à 80% voire 90% du temps, tout ira bien. Ta santé et ton autodiscipline s'amélioreront au fur et à mesure que tu observeras un régime alimentaire sain, même en mangeant des aliments gras occasionnellement.

3. Change tes envies

Les gens succombent aux envies non seulement parce que manger de la pizza, des hamburgers, de la glace ou des frites leur manquent, mais aussi parce qu'ils ne développent jamais d'alternatives permanentes à leurs envies.

À moins que tu ne développes une alternative agréable aux aliments gras que tu aimes, tu les regretteras toujours à tel point qu'il sera très difficile de résister aux envies. Sais-tu combien il est facile de maintenir un régime qui te permet de manger tout ce que tu veux ? La clé est de trouver des alternatives saines qui satisfassent tes envies (provenant normalement d'aliments malsains).

Et soyons honnêtes; tu ne peux pas remplacer le goût parfait et sucré du chocolat fondant sur ta langue avec celui d'un brocoli fade. Cependant, tu peux probablement le faire (dans une certaine mesure, assez pour ne pas manquer de chocolat tous les jours) avec :

- toutes sortes de baies (fraises, framboises, myrtilles ; y a-t-il quelqu'un qui ne les aime pas ?),

- le chocolat noir (c'est beaucoup plus sain, et en raison de son goût profond – nous parlons de 70% de cacao ici – il t'en faut beaucoup moins pour satisfaire ton désir de sucre),

- des smoothies (ne pas trop en faire à cause de la forte teneur en fructose),

- le miel de haute qualité (il y a une énorme différence entre le miel peu cher du supermarché et les variétés biologiques artisanales ; expérimente avec différentes saveurs)

- la caroube (même si ce n'est pas tout à fait quelque chose que tu peux manger tous les jours comme une alternative saine, c'est mieux que le chocolat ordinaire)

Certains types d'aliments malsains peuvent être rendus plus sains en utilisant des ingrédients plus nobles. Par exemple, la pizza peut être faite de blé complet avec de la sauce tomate maison et un fromage de qualité. Tu peux manger du yaourt glacé naturel et mélanger quelques baies au lieu de manger des glaces achetées en magasin. Tu peux faire des frites maison cuites au four plutôt que de les faire frite.

Les épices et les herbes ont aussi beaucoup à voir avec le goût. Il n'existe pas beaucoup de légumes qui ont du goût sans assaisonnement. Cependant, si tu y ajoutes des épices ou des herbes, ils deviennent beaucoup plus savoureux, souvent si savoureux que tu développeras des envies pour ces aliments. Pour te donner quelques exemples, voici des épices et / ou des herbes qui changent radicalement le goût de certains aliments sains :

1. Œufs : ciboulette, sel et / ou poivre noir. Les œufs brouillés seuls peuvent être un peu fades. L'ajout de l'un de ces ingrédients améliore beaucoup le goût.

2. Courgettes : poivre de Cayenne, basilic, cumin, poudre d'ail, origan ou thym. Beaucoup d'herbes et d'épices accompagnent bien la courgette. Peu de gens apprécient ce légume seul, mais en ajoutant juste une pincée ou deux de ces intensificateurs de saveur peut faire toute la différence, surtout si tu la fais griller.

3. Riz complet : curcuma, cumin ou sauce soja. La plupart des gens habitués à manger du riz blanc n'apprécient pas vraiment le goût du riz complet. Essaye de l'associer au curcuma ou au cumin ou ajoute de la sauce soja. Tu peux également consulter les mélanges d'épices asiatiques pour le riz.

4. Soupes de légumes : sel, poivre noir, piment de la Jamaïque, feuille de laurier et / ou livèche de jardin. Aussi, ajoute beaucoup d'oignons pour améliorer la saveur. Les soupes de légumes simples et quotidiennes sont parfaites pour ceux qui n'aiment pas cuisiner tous les jours. Tu peux faire une grosse casserole de soupe le lundi et la manger jusqu'au

jeudi. Avec le bon mélange d'épices, tu peux certainement développer une envie de soupe (comme je l'ai fait).

5. Pommes de terre : sel, romarin, paprika, origan, basilic, poivre de Cayenne, aneth et / ou persil. Les pommes de terre, consommées avec modération et non sous forme de frites, ne sont pas aussi malsaines qu'on le croit. La clé, c'est d'éviter de les faire frire, en optant plutôt pour des méthodes plus saines, idéalement cuites à la vapeur. Une fois que tu obtiens ton mélange parfait d'herbes et d'épices, les pommes de terre cuites à la vapeur pourraient devenir plus attrayantes que les frites enrobées d'huile.

L'expérimentation peut t'aider à éviter – ou au moins réduire considérablement – les envies de certains aliments. Une fois que tu auras développé des alternatives permanentes que tu trouveras aussi savoureuses (ou plus savoureuses) que ce dont tu as envie actuellement, il sera plus facile de maintenir des habitudes alimentaires saines. Ce sera aussi une grande leçon d'autodiscipline créative ; contourner une tentation ou l'éliminer complètement plutôt que d'y céder.

Mission secondaire : Essaye le jeûne intermittent

Le jeûne intermittent est un mode de consommation avec lequel tu jeûnes périodiquement pendant un nombre d'heures spécifié. La plupart des gens suivent une forme basique de jeûne intermittent chaque jour. Sauf si tu te réveilles la nuit et que tu manges, tu jeûnes pendant au moins 8 heures chaque jour. C'est pourquoi le premier repas de la journée s'appelle en anglais « breakfast », qui signifie « rompre le jeûne ».

Les partisans du jeûne intermittent suggèrent de jeûner plus longtemps, habituellement au moins 16 heures par jour. D'autres approches préconisent un jeûne d'une journée complète (manger ce que tu veux un jour, ne pas manger le lendemain), un jeûne de 24 heures (disons que tu arrêtes de manger à 18 heures et que tu recommences à manger à 18 heures le lendemain), et un jeûne de 40 heures (en sautant une journée entière de repas).

J'ai déjà parlé du jeûne intermittent dans certains de mes livres précédents, je ne vais donc pas me répéter ici pour répondre aux questions et aux doutes les plus courants[34]. Le seul avertissement dont je ferai part ici est que le jeûne intermittent ne convient pas à tout le monde. Si tu souffres de problèmes de santé, parles-en d'abord avec ton médecin.

Ceci étant dit, la plupart des personnes en bonne santé ne devraient pas avoir de problèmes à sauter une journée entière de repas, ou juste un ou deux repas. C'est une chose bénéfique pour ta santé et ton autodiscipline.

La faim est un sentiment intéressant à gérer. Si tu as l'habitude de manger toutes les trois ou quatre heures, tu auras faim toutes les trois ou quatre heures. Peu importe que tu aies ou non ingéré suffisamment de calories pour la journée ; ton corps envoie des signaux en fonction de tes habitudes.

C'est à ce moment-là que la volonté entre en jeu. Au début, il est désagréable de ressentir la faim et d'y résister. Même si tu es tenté de prendre quelque chose à manger, tu devras dépasser cette sensation et poursuivre ton jeûne.

Le but est de t'apprendre à rester discipliné malgré le sentiment d'inconfort. Tout comme avoir une routine d'entraînement régulière est désagréable en premier lieu et que tu es tenté d'obtenir une satisfaction immédiate (passer ta journée devant la télé au lieu d'aller à la salle de sport), le jeûne mettra ta motivation à l'épreuve.

Il faut un certain type de discipline et d'endurance pour se passer de nourriture pendant de longues périodes de temps, mais avec suffisamment d'expérience, la faim n'est plus un problème (ou du moins, un problème moins puissant que par le passé).

Essaye de jeûner une ou deux fois et vois ce que tu ressens. Peut-être que tu peux incorporer cela dans ta routine quotidienne ou hebdomadaire pour changer ta relation avec la nourriture et apprendre à mieux contrôler tes besoins.

Si tu aimes manger mais que tu arrives à te passer de nourriture pendant 40 heures, tu pourras surmonter facilement beaucoup d'autres défis.

Habitude : Réveille-toi tôt (ou couche-toi à des heures régulières)

Si tu te lèves et que tu te couches tous les jours à peu près à la même heure et que tu te sens reposé, tu peux probablement ignorer cette partie. Si tu penses que tu dois travailler sur ton rythme de sommeil, t'exécuter améliorera ta santé et t'aidera à te discipliner davantage.

Il y a une mise en garde importante concernant le fait de se lever tôt : bien que de se lever tôt soit généralement perçu comme une vertu (habitude que tous ceux qui veulent réussir doivent développer), la science n'est pas nécessairement d'accord.

En effet, une étude allemande sur les chronotypes montre que les cerveaux des lève-tôt sont différents des cerveaux des noctambules[35]. En d'autres termes, se réveiller tôt n'est pas forcément optimal pour toi si tu es prédisposé à rester éveillé tard.

Cependant, n'utilise pas cela comme excuse pour te réveiller tard si tu as du mal à suivre ton rythme de sommeil normal. Pendant longtemps, j'allais me coucher à 3 ou 4 heures du matin et me réveillais à 14 heures. J'aurais pu faire valoir que j'étais un oiseau de nuit, mais je ne me sentais jamais particulièrement reposé. Quand je suis passé d'un extrême à l'autre en me levant à 6 heures du matin, j'ai appris que me lever de bonne heure était un choix plus judicieux, à la fois pour mon énergie et ma productivité générale.

Il y a deux approches générales pour se réveiller tôt. Si ton objectif est de te réveiller à 6 heures du matin, tu peux soit régler ton alarme pour 6 heures du matin ou te réveiller une minute ou deux plus tôt chaque jour jusqu'à ce que tu atteignes ton objectif (généralement après au moins quelques semaines).

Je préfère le sevrage brutal. C'est une mise à l'épreuve difficile pour ton autodiscipline, mais il produit des résultats plus rapidement. Même si tu rechutes plusieurs fois, tu peux changer ton horloge interne en une semaine ou deux au lieu de plusieurs semaines.

Peu de choses peuvent éprouver ton autodiscipline davantage qu'un réveil qui t'oblige à sortir de ton lit agréable et chaud, surtout si tu commences la journée avec quelque chose que tu n'apprécies pas particulièrement. C'est pourquoi se lever tôt est un exercice parfait pour construire ta force mentale et apprendre à surmonter tes faiblesses.

Si te réveiller tôt est un objectif particulièrement difficile pour toi – comme cela a été le cas et l'est encore parfois pour moi – pense à augmenter les enjeux.

Cela peut être aussi simple que de planifier quelque chose pour le matin que tu ne peux absolument pas manquer (ce qui t'empêchera de faire glisser le bouton de rappel d'alarme) ou aussi délibéré que de parier avec un ami (si tu ne te réveilles pas à 6 heures du matin, tu lui donneras 20 euros ou quelque chose de valeur qui te motivera à te lever).

Par exemple, j'ai des cours de langue étrangère le matin. Même si je n'ai pas envie de me lever tôt (ce qui arrive parfois), mon corps me réveille juste avant le cours.

Il faut beaucoup de volonté pour désapprendre l'habitude de veiller tard et repousser l'heure du réveil plusieurs fois avant de se lever. Une fois que tu auras changé ton rythme de sommeil de façon permanente et que tu auras commencé régulièrement à te réveiller tôt, tu éprouveras un changement puissant dans l'autodiscipline. Tu développeras tes propres outils pour rester fidèle à tes résolutions même lorsque tu seras encore dans le sommeil et que tu seras susceptible de choisir la solution de facilité.

Si tu n'es pas un lève-tôt, tu peux prendre l'habitude de t'endormir et de te réveiller à des heures régulières (mais teste ton hypothèse et passe au moins un mois à suivre une routine avec laquelle tu te lèves tôt). Cela exige également une autodiscipline quotidienne qui t'aidera à mieux structurer ta journée et renforcer ton corps (il devient confus si tu te lèves et te couches à des heures aléatoires).

L'EXCELLENCE PHYSIQUE MÈNE À LA MAÎTRISE DANS LA VIE : RÉCAPITULATIF

1. L'activité physique régulière est une habitude clé, ce qui signifie qu'elle affecte positivement d'autres domaines de ta vie, en t'aidant à effectuer plusieurs changements bénéfiques tout en n'en introduisant qu'un seul.

2. Devenir une personne en forme et en bonne santé est l'une des meilleures choses que tu puisses faire pour développer ton autodiscipline. Il faut de la patience et un engagement envers le processus, qui sont les deux choses que tu dois développer afin de jouir d'une détermination de haut niveau.

3. Les exercices peuvent être anaérobiques (haute intensité, courte durée) ou aérobiques (intensité plus faible, durée plus longue). Pour des résultats optimaux, choisis au moins un type d'activité anaérobie et un type aérobie.

4. Pour surmonter les cinq raisons les plus courantes pour lesquelles les gens abandonnent leurs programmes d'entraînement, développe une motivation intrinsèque (venant de l'intérieur, sans les

récompenses que tu attends), trouve des activités sportives que tu apprécies (l'autodiscipline ne signifie pas que tu dois être malheureux), envisage de travailler avec un partenaire (la responsabilisation aide à rester sur la bonne voie), aie les bonnes attentes et fais en sorte que ta routine reflète tes valeurs personnelles (pour que tu prennes le temps de faire de l'exercice).

5. Chaque fois que tu n'as pas envie de t'entraîner, rappelle-toi que c'est un test pour ton autodiscipline. Si tu résistes à la tentation de paresser, tu seras récompensé par un entraînement satisfaisant (bien que plus exigeant que d'habitude) qui développera ton endurance.

6. Si tu ne prends pas le temps pour la santé, tu devras prendre le temps pour la maladie. Se débarrasser de l'excès de poids n'est pas facultatif, c'est obligatoire si tu veux devenir autodiscipliné et développer d'autres domaines de ta vie.

7. Si tu es aux prises avec des envies, apprends à déplacer ton attention sur autre chose que sur ce qui te tente. Ne garde pas d'aliments interdits à la maison.

Chaque fois que tu as une envie, donne-toi quelque chose d'autre à faire pendant quinze minutes, car l'attente diminuera l'intensité. Adopte des habitudes saines qui remplaceront tes routines habituelles chaque fois que tu ressentiras une envie (par exemple faire une promenade au lieu de te rendre à la pizzeria). Sois réaliste sur les conséquences négatives potentielles de céder à une envie ; quand tu manges un aliment gras, il ne sera pas aussi bon que tu le pensais quand tu en avais envie.

8. N'aie pas peur de prévoir des cheat days ou cheat meals afin d'avoir quelque chose qui te réjouisse. Cela ne fera que rendre les régimes plus faciles et t'aidera à atteindre tes objectifs. Pense toujours à la perspective à long terme ; si tu ne peux pas imaginer maintenir tes habitudes alimentaires actuelles pour le reste de ta vie, tu es probablement trop restrictif.

9. Tu ne seras pas confronté à des envies si tu ne développes pas d'alternatives durables, saines et agréables aux aliments qui te font envie. Ne compte pas seulement sur ton autodiscipline ; deviens créatif

et trouve des moyens de satisfaire tes envies sans vraiment y succomber.

10. Le jeûne intermittent est un bon moyen de tester ta capacité à choisir une gratification différée plutôt qu'une récompense instantanée. Évite de manger de temps en temps pour renouer avec le sentiment de faim désagréable.

11. Se lever tôt est l'un des tests les plus difficiles pour ton autodiscipline, car nous sommes généralement plus susceptibles de céder aux tentations le matin quand nous sommes encore léthargiques. Essaie de te réveiller à différents horaires pour observer comment ils affectent ton humeur (et aussi pour voir si tu peux surmonter tes faiblesses).

Chapitre 3 : L'inconfort développe le caractère

C'était un jour d'été en partie ensoleillé. Je suis allé avec mon ami sur un lac à proximité pour faire du kayak. La surface de l'eau était calme et le soleil brillait sur nous. Nous avons loué des kayaks et nous y allions joyeusement.

Trente minutes plus tard, le ciel bleu se transformait en un sombre et menaçant dôme de nuages. Le vent secouait nos kayaks. Pagayer devenait de plus en plus difficile à mesure que les vagues se formaient à la surface du lac. Et puis la pluie est arrivée, nous trempant jusqu'aux os en l'espace de quelques minutes.

Avec des cloques sur nos doigts, nous nous sommes battus pour rentrer. Les vagues s'écrasaient contre mon kayak et le tournaient continuellement dans la mauvaise direction. Mes épaules et mes hanches étaient crispées et épuisées en l'espace de quelques minutes de pagayage intense.

Et pourtant, malgré ce qui semblait être une tournure cauchemardesque, je me sentais exalté. Comme un fou, je riais et râlais au rythme de la pagaie furieuse. Même lorsque les vagues secouaient tellement le kayak que je pensais me retrouver dans l'eau, j'appréciais quand même l'expérience. Même une ampoule brûlante, rose et fraîche sur mon pouce n'a pu gâcher mon humeur.

Quinze minutes plus tard, le ciel s'est éclairci et le soleil brillait de nouveau sur nous. Nous ramions vers la rive, souriant et riant à l'expérience incroyable en dépit de nos corps endoloris.

Ça n'a pas toujours été comme ça pour moi. J'ai appris à me sentir confiant malgré l'inconfort et j'en tire du plaisir grâce à la pratique consciente. Quand j'ai maîtrisé comment apprécier les défis pour ce qu'ils sont, j'ai expérimenté de grandes aventures, des occasions de grandir, et ma vie est devenue plus facile. En effet, la vie est plus facile quand on la vit pleinement.

À quel point te sens-tu à l'aise avec l'inconfort ? As-tu déjà vécu une situation désagréable et ri malgré cela ? Cherches-tu des désagréments ou t'en éloignes-tu le plus possible ?

L'inconfort fait partie de la nature humaine. Pendant des milliers d'années, les humains ont vécu dans des conditions difficiles, se battant pour survivre chaque jour. Ce n'est pas malgré les obstacles, mais grâce à eux que nous prospérons aujourd'hui.

Si la nature ne nous avait pas testés, nous n'aurions pas développé de moyens de nous protéger contre elle. Malgré les commodités modernes, la vie d'aujourd'hui est toujours semblable à ce qu'elle était. Toutes les mauvaises choses que nous vivons dans notre vie quotidienne nous rendent plus forts et préparés à faire face à des problèmes similaires à l'avenir.

Si tu ne t'étais pas égratigné les genoux ou fait quelques bleus enfant, quelle serait ta capacité à gérer la douleur aujourd'hui ?

Sénèque, Épictète et Marc Aurèle, trois célèbres partisans du stoïcisme, proposaient l'idée de s'imposer un léger inconfort pour se préparer à l'adversité possible et pour mieux apprécier ce que l'on prend pour acquis.

Le Professeur William B. Irvine écrit dans son livre, *A Guide to the Good Life : The Ancient Art of Stoic Joy*[36]*,* « la poursuite du plaisir, prévient Sénèque, c'est comme poursuivre une bête sauvage : lors de sa capture, elle peut se retourner contre nous et nous mettre en pièces. Ou, en changeant un peu la métaphore, il nous dit que les plaisirs intenses, lorsque capturés par nous, deviennent nos ravisseurs, ce qui signifie que plus un homme capturera de plaisirs, plus il devra servir de maîtres. »

Si tu refuses volontairement de servir certains de tes « maîtres », tu deviendras plus apte à faire face à l'adversité. Personne ne manque de ténacité mentale lorsque les circonstances sont parfaites. Ton autodiscipline n'est mise à l'épreuve que pendant les périodes d'adversité. Si tu prends l'habitude de te confronter à des situations difficiles, tu seras mieux préparé à les gérer quand elles se produiront sans ta participation volontaire.

Exercice : Ressentir le confort dans le froid

S'exposer à des températures froides est l'un des moyens les plus simples d'apprendre à gérer l'inconfort. L'exercice le plus simple et le plus pertinent consiste à prendre une douche froide de 5 minutes. Et non, ne compte pas seulement 5 minutes dans ta tête ; utilise un chronomètre et ne sors pas de la douche avant 5 minutes. Ne triche pas ; tourne le robinet d'eau froide à fond.

La période de deux mois que j'ai passée à prendre deux douches de 5 minutes glacées par jour a été l'une des choses les plus utiles que j'ai faites pour augmenter ma force mentale.

La première fois que j'ai pris une douche froide, tout mon corps était engourdi. J'ai lutté pour ne pas sauter hors de la douche dès les premières gouttes. Plusieurs douches plus tard, je m'habituais aux sensations d'inconfort, découvrant que les deux premières minutes étaient les plus difficiles. Après ces deux minutes, les choses sont devenues plus faciles et je savais que je pourrais supporter le froid sans trop de difficulté.

J'ai ensuite appliqué les mêmes enseignements dans d'autres domaines de ma vie, en me rappelant que les premières étapes testent habituellement le plus l'autodiscipline. Si tu peux les dépasser, tu peux gérer beaucoup plus que tu ne le penses.

C'est le genre de leçon auquel les exercices de ces livres sont destinés. Tu ne peux les apprendre que par toi-même. Quand tu découvriras exactement quand et comment tu es tenté d'abandonner et ce qui t'aide à gérer l'inconfort, tu deviendras plus apte à faire face à la gratification reportée.

Je ne dirai pas que tu devrais prendre des douches froides tous les jours. Deux mois après avoir commencé à prendre des douches froides, j'ai régulièrement repris des douches chaudes. J'ai appris mes leçons, et ce n'est pas logique de se rendre malheureux tous les jours pour se sentir fort.

Un autre exercice pour tester ton endurance mentale consiste à sortir dehors en n'étant pas assez couvert pour le temps qu'il fait. Évidemment, tu ne devrais pas le faire quand tu es malade ou quand tu vas explorer les grands espaces. Cependant, se promener une ou deux fois sans veste, avec seulement un pull fin, peut être une expérience précieuse pour renforcer la force mentale. Sois juste raisonnable à ce sujet ; nous parlons d'un léger inconfort, pas de te mettre dans une situation où tu peux attraper des engelures ou passer en hypothermie.

Exercice : Te passer de quelque chose dont tu as « besoin »

Il y a certaines choses et habitudes dont tu as besoin dans ta vie quotidienne pour te sentir à l'aise. Cela peut être d'amener ton smartphone partout où tu vas, de consulter tes emails dix fois par jour, de boire du café tôt le matin ou de dormir dans ton lit chaud et agréable.

Par exemple, au lieu de dormir dans mon propre lit, j'ai choisi de dormir sur le balcon de mon appartement plusieurs fois. C'est une chose simple et facile que la plupart des gens (avec des balcons et des arrière-cours, au moins) peuvent faire pour éprouver un inconfort bref et arrêter de prendre leur lit agréable pour acquis.

Et si tu es accro à ton smartphone et que tu ne peux absolument pas le laisser à la maison par peur de ne pas répondre assez rapidement à un message de ton ami, laisse-le à la maison pendant quelques heures et observe comment tu te sens sans lui. Ressens ton anxiété et dépasse-la ; rien de mauvais ne se passera, et tu deviendras plus fort en te débarrassant de l'une de tes « nécessités » pendant un moment.

Voici d'autres exemples de choses dont tu as « besoin » et dont tu pourrais te passer :

1. Va au travail à pied au lieu de prendre ta voiture. Dans de nombreuses villes, ce n'est pas pratique, mais c'est précisément pourquoi c'est un excellent exercice d'autodiscipline.

2. Fais du camping, idéalement loin de toutes commodités, étant donc forcé de te laver ou de faire d'autres activités liées à l'hygiène sans les commodités modernes.

3. Fais un jeûne d'e-mails pendant 24 heures. Au cours de ces 24 heures, ne vérifie pas tes mails. Ne le fais pas si tu attends un message important ou si tu ne peux pas te le permettre parce que ton travail l'exige ;

ce n'est pas le but de cet exercice. Tu peux essayer quand tu es en vacances mais que tu vérifies toujours tes mails par habitude.

4. Remplace tes soirées devant la télé par des lectures éducatives (ouvrages de non-fiction sur les compétences et les objectifs que tu aimerais atteindre).

5. Sois économe pendant une semaine ou deux. Évite toutes les dépenses inutiles. N'achète pas de nouveaux aliments ; mange les restes, les conserves et tous les aliments fades que tu manges rarement qui se trouvent dans ton réfrigérateur ou dans ton congélateur. N'achète pas de nouveaux vêtements, ne dépense pas d'argent dans du divertissement. Imagine que tu n'as pas d'argent à dépenser.

Tu peux même aller plus loin en apprenant à vivre avec moins. Chaque fois que tu veux faire un achat, demande-toi si c'est quelque chose dont tu as absolument besoin. Si ce n'est pas le cas, tu risques de regretter l'achat et d'encombrer ta vie sans en tirer aucun avantage. Si tu n'es pas absolument certain qu'un achat apportera de la valeur à long terme dans ta vie, aie la discipline de l'ignorer.

Exercice : Thérapie de rejet

Le rejet est un élément quotidien de nos vies, pourtant la plupart des personnes ne le gèrent pas bien. Pour beaucoup, c'est si douloureux qu'ils préfèrent ne pas demander quelque chose que de demander au risque d'essuyer un rejet. Pourtant, si tu ne demandes pas, la réponse sera toujours non.

Éviter le rejet, ce qui signifie essentiellement ne pas avoir assez de discipline pour faire face à ce genre d'inconfort, affecte négativement de nombreux aspects de ta vie. Tout cela n'arrive que parce que tu n'es pas assez fort pour le gérer.

Pour cette raison, envisage une thérapie de rejet. Trouve une demande ou une activité qui entraîne généralement un rejet. Travailler dans la vente est un exemple. Discuter avec des étrangers en est un autre. Le marchandage ou demander des réductions dans les magasins fonctionnera également.

Pour plus d'idées, tu peux essayer le jeu de Thérapie du Rejet sur http://rejectiontherapy.com/ où tu peux acheter des cartes avec diverses tâches conçues pour t'aider à être rejeté. 30 jours d'un tel défi sont suffisants pour un changement puissant qui non seulement t'aidera à devenir plus tenace, mais aussi plus confiant.

En te faisant rejeter délibérément, tu développeras une carapace plus épaisse qui te permettra d'assumer beaucoup plus dans ta vie et de mieux gérer les contretemps et les circonstances défavorables.

J'ai effectué une variation de cette thérapie en combattant ma timidité. Être rejeté à plusieurs reprises m'a mis à l'aise avec le sentiment. Après assez de pratique ma timidité était partie ; tu ne peux pas te sentir mal à l'aise avec les choses que tu fais régulièrement.

Exercice : Thérapie d'échec

Le légendaire joueur de baseball et entraîneur Yogi Berra a dit : « Perdre est une expérience d'apprentissage. Cela t'apprend l'humilité. Cela t'apprend à travailler plus dur. C'est aussi un puissant facteur de motivation. »

Humilité, éthique du travail et motivation ; ces trois éléments sont des composantes nécessaires de la croissance personnelle et de l'autodiscipline.

Si tu n'es pas humble, tu surestimes ta capacité à résister aux tentations. En fait, un phénomène appelé « biais cognitif » montre que les gens surestiment leur capacité à contrôler les impulsions[37] et se surexposent à la tentation.

L'échec de l'expérience t'éloignera des convictions de contrôle d'impulsion exagérées. Tu n'es pas discipliné lorsque tu dis que tu l'es ; tu es discipliné lorsque tu es suffisamment malin pour savoir comment éviter les tentations.

L'un des meilleurs moyens de se familiariser avec l'échec dans la vie est de s'efforcer d'atteindre des objectifs difficiles et de définir des défis qui sont potentiellement hors de ta portée. Tout comme un joueur d'échecs ne peut pas continuer à améliorer son jeu contre des joueurs plus mauvais que lui, tu ne peux pas t'améliorer sans constamment mettre la barre plus haut.

L'incidence accrue de l'échec lors de la fixation d'objectifs difficiles, et les sentiments de découragement subséquents, seront un exercice intéressant pour apprendre à rester déterminé malgré les difficultés.

Tu ne contestes pas ton autodiscipline quand tu n'éprouves jamais d'échec. C'est seulement quand tu fais des erreurs que tu fais des efforts énormes, que tu sautes par-dessus des obstacles et que tu tombes la tête la première, que tu peux tester et développer ta détermination.

Habitude : Faire les choses les plus difficiles sans aucune hésitation

C'est une vieille règle dans le monde de la gestion du temps, à savoir qu'il faut faire les choses les plus importantes en premier, et seulement une fois complétées, passer à des activités moins essentielles.

Cependant, peu de gens suivent ce conseil judicieux dans la vie de tous les jours. Si tu as une liste de dix tâches à faire, il est plus facile de te concentrer sur les tâches les plus faciles pour les éliminer de ta liste rapidement.

Cela ne t'aide en rien à te rapprocher de tes objectifs (en fait, la plupart de ces tâches rapides sont probablement non essentielles), mais tu les fais à la place des tâches difficiles. Pourquoi ? Parce qu'il faut beaucoup d'autodiscipline pour vaincre la procrastination et faire les tâches désagréables en premier.

Change tes habitudes et fais les choses les plus difficiles en premier. Souvent, tu peux faire ce qui semble être une tâche difficile et fastidieuse beaucoup plus rapidement que tu ne le penses. C'est seulement ta perception de sa difficulté qui rend si difficile d'être discipliné et de se mettre au travail immédiatement.

En tant qu'écrivain, j'ai une routine simple d'écrire un certain nombre de mots chaque jour. Les jours où je n'ai pas envie d'écrire, c'est quand même l'une des premières choses que je fais.

Pour dépasser la réticence, je commence simplement en écrivant quelques mots. Quelques minutes plus tard, je ne ressens plus aucune résistance. Plus j'hésite, plus ma détermination s'affaiblit.

Je trouve que c'est le cas avec pratiquement toutes les activités difficiles que je fais. Si je n'ai pas envie de m'entraîner le matin, je ne prends pas le temps de me demander si je devrais le faire ou non. Je mets mes vêtements de sport et je pars à la salle de sport. Quand j'y suis, je n'ai plus le choix que de m'entraîner ; j'ai déjà fait le premier pas, et maintenant les choses sont plus faciles.

Plus tu laisses l'inconfort s'installer, plus il a tendance à dominer. Si tu ne te donnes pas le temps de réfléchir et que tu décides plutôt de commencer à travailler sur la tâche, ta réticence va rapidement disparaître. Répéter le même processus chaque fois que tu n'as pas envie de faire quelque chose t'aidera à développer une solide habitude d'autodiscipline.

Exercice : Apprends quelque chose de difficile

L'un des objectifs les plus difficiles mais toujours gérable que tu peux te fixer pour inculquer plus de discipline dans ta vie quotidienne est d'apprendre une langue étrangère.

En déterminant l'objectif de parler couramment une langue que tu ne parles pas, tu acquiers non seulement une compétence précieuse, mais tu découvres aussi comment apprendre en général. Cela implique également la maîtrise face au découragement, qui est toujours prêt à se déclarer et à bondir dès que tu seras vulnérable.

Apprendre des langues étrangères est une expérience frustrante à tous les niveaux, ce qui signifie que tu te familiariseras avec le sentiment de frustration au quotidien (et j'espère, apprendre aussi comment y faire face).

Au début, tu éprouveras une frustration liée à l'incompréhension de la langue. Plus tard, tu seras découragé par ce que tu percevras comme un progrès trop lent. Même lorsque tu seras un orateur expérimenté, tu te sentiras parfois mal à l'aise, et l'incapacité à dire quelque chose que tu sais parfaitement dire dans ta langue maternelle t'agacera.

Ces types d'émotions sont utiles pour comprendre tes habitudes lors de l'apprentissage d'une langue ou en travaillant sur un objectif difficile. Que fais-tu lorsque tu as envie d'abandonner ? Qu'est-ce qui t'amène à ce point ? Qu'est-ce qui t'en sort ? Jusqu'à ce que tu commences et éprouves ces sentiments par toi-même, tu ne connaîtras pas les réponses.

Dans mon cas, le perfectionnisme dirige mon découragement. Chaque fois que je me rends compte que je suis loin de la vision parfaite de mes compétences, je suis frustré. Cependant, ayant découvert ce schéma, je l'ai transformé en un pouvoir, utilisant ma colère comme combustible pour continuer à travailler sur mes capacités jusqu'à ce qu'elles soient telles que mon esprit les imagine.

Qu'est-ce que c'est, pour toi ? Comment peux-tu changer la tentation d'abandonner à plus de détermination et de discipline pour persévérer ?

Voici plusieurs objectifs et compétences plus difficiles à atteindre qui t'aideront à obtenir la même réponse et à développer tes propres tactiques pour faire face au découragement et / ou à l'inconfort :

1. Apprendre un sport difficile nécessitant la maîtrise de la technique appropriée

Certains sports comme le basketball ou le football donnent un énorme avantage à certains attributs physiques, réduisant ainsi l'efficacité de la pratique constante. Peu de choses sont plus frustrantes que d'avoir une éthique de travail incroyable et d'être encore loin derrière les autres joueurs ayant des forces physiques innées. Ces sports ne t'aideront pas à développer ta détermination, et ne peuvent que te faire percevoir l'injustice du monde.

Pour développer plus d'autodiscipline en te mettant à l'aise avec les difficultés, opte pour des sports stimulants qui récompensent l'entraînement, une formation constante et un effort supplémentaire.

Certains de ces sports sont :

- le golf

- les échecs

- le tennis

- la gymnastique

- la lutte, ou tout autre art martial qui ne dépend pas de ta taille

Je ne dis pas que tu devrais devenir un expert dans l'un de ces sports. Le simple fait de pratiquer à long terme, de faire face aux obstacles sur la voie du progrès et de réussir est ce que tu recherches. Le fait que cela prenne des années pour devenir au moins moyen dans ces sports est ce qui rend cet exercice si puissant pour développer l'autodiscipline.

En fait, une étude canadienne a montré que les sports parascolaires réguliers et structurés semblent aider les enfants à développer l'autodiscipline nécessaire pour s'engager efficacement en classe. Comme le professeur Linda S. Pagani, l'un des chercheurs, a déclaré : « nous avons constaté que les enfants qui étaient spécifiquement impliqués dans les sports d'équipe à l'école maternelle ont obtenu une meilleure autorégulation lorsqu'ils ont atteint la dernière année »[38].

Si tu es un adulte, tout n'est pas perdu. Tu peux commencer à apprendre n'importe quel sport, à tout âge. L'engagement nécessaire pour devenir un sportif de niveau moyen dans l'un des sports les plus difficiles aura le même effet sur ton autodiscipline que dans le cas des enfants.

2. Maîtrise une compétence nécessitant de la patience

Si tu n'es pas assez patient pour faire confiance au processus, il y a des chances que tu abandonnes trop tôt. Si tu t'attends à des résultats rapides et que tu ne les atteins pas, il y des chances que tu te décourages et / ou te sentes coupable de ne pas pouvoir atteindre tes attentes (irréalistes).

Voici quelques compétences et activités qui demandent beaucoup de patience, et donc la discipline nécessaire pour rester concentré et déterminé en attendant les résultats :

- la cuisine, en particulier les repas plus difficiles qui nécessitent une heure ou deux de préparation et une ou deux heures de cuisson. Puisque la cuisine est une compétence difficile à maîtriser (il faut des dizaines d'essais pour développer un plat « de qualité »), elle est parfaite pour pratiquer l'autodiscipline.

- le jardinage. La plupart des plantes ont besoin de mois ou d'années pour pousser. Certaines plantes, comme les orchidées, peuvent vivre pendant des mois ou des années sans qu'une seule fleur ne germe. C'est un travail de patience important.

- le travail créatif. La peinture, l'écriture et tout autre type de travail créatif exige beaucoup de détermination et de patience pour aller jusqu'au bout. Même si c'est quelque chose que tu as peu de chance de montrer aux autres, s'exprimer à travers l'art (et s'habituer au processus long et complexe de la création), sera utile pour développer plus d'autodiscipline.

- la lecture. Tu sais lire, me dis-tu ? Eh donc, à quand remonte la dernière fois que tu as terminé un roman ou un travail de non-fiction sans sauter aucune partie ? Lire des livres plus longs demande de la patience et de l'endurance, des choses qui t'aideront à développer ton autodiscipline.

- le tricot. Premièrement, apprendre à tricoter demande des mois, voire des années. Ensuite, tricoter un vêtement peut prendre encore quelques semaines, selon ce que tu souhaites tricoter et la complexité de l'œuvre. Et puis c'est sympa de pouvoir faire ses propres vêtements, non ?

Mais ne te méprends pas. L'idée n'est *pas* de choisir un sport difficile ou une compétence que tu détestes. Si au début quelque chose est très difficile à apprendre et que tu ne l'apprécies pas, il y a de fortes chances que tu aies déjà reconnu inconsciemment que ce n'est pas une activité qui te correspond.

Par exemple, j'ai pratiqué le judo pendant trois mois dans le cadre du programme d'études de l'université. Je savais après les premières classes que ce n'était pas pour moi. Je n'aimais pas ça, je n'étais pas bon et j'avais très mal au dos. Quelques années plus tard, j'ai commencé à apprendre le tennis. Il ne m'a fallu que quelques cours pour réaliser que j'aimais ce sport, même si je n'avais jamais essayé jusque-là.

3. Maîtrise l'honnêteté

Selon une étude réalisée en 2002 à l'Université du Massachusetts, 60% des adultes ne peuvent avoir une conversation de plus de dix minutes sans mentir au moins une fois (deux à trois fois en moyenne)[39].

Cependant, l'étude a été menée sur 121 étudiants de premier cycle, ce qui n'est guère une représentation de l'ensemble de la société. Cependant, il existe d'autres sources qui confirment que le nombre de personnes qui mentent régulièrement oscille autour de 50%.

Selon Sunny Bates, PDG de Sunny Bates Associates, cabinet de recrutement de cadres basé à New York, 40% des personnes mentent sur leur CV[40].

Selon la recherche en ligne de OkCupid, la plupart des utilisateurs du site mentent sur leur taille (ils se grandissent d'environ cinq centimètres) et leur revenu (20% de plus que ce qu'ils gagnent réellement). Ils mentent également à propos de leurs photos, disant qu'elles sont récentes alors qu'elles ont été prises plusieurs années auparavant.

Ce n'est pas un euphémisme de dire que le mensonge est répandu et que nous rencontrons des menteurs – ou que nous racontons des mensonges – tous les jours. Il est difficile de rester honnête, surtout quand c'est ton travail qui est en jeu, ton estime de soi ou tes chances de rencontrer ta moitié.

Pourtant, la maîtrise de l'honnêteté est l'une des meilleures choses que tu puisses faire pour améliorer ta qualité de vie et fraterniser avec l'inconfort ; si dire la vérité n'était pas désagréable, personne ne mentirait.

Une étude menée à l'Université de Notre Dame sur 110 personnes entre 18 et 71 ans a montré que le fait de dire moins de mensonges (y compris les petits mensonges) améliorait les relations (vraiment !), réduisait les tensions ou la mélancolie (aussi ! Comment ne pas te sentir tendu si tu es perdu dans un tissu de mensonges ?) et, le plus intéressant, causait moins de problèmes de santé comme des maux de tête et des maux de gorge[41].

Comment arrêtes-tu de mentir si tu as l'habitude de dire des mensonges au quotidien ? Commence par prendre conscience que tes mensonges blessent les gens, peu importe qu'il s'agisse de mensonges innocents ou plus graves. Cela affecte tes relations en détruisant la confiance, base de toute relation humaine. De plus, tes mensonges peuvent te suivre pendant des années (mentir sur ton CV, mentir à ton partenaire), te blesser et blesser ceux qui t'entourent à maintes reprises. Tout cela pour un gain à court terme ; cela en vaut-il la peine ?

Comme avec toutes les autres activités que tu trouves désagréables, être constamment honnête demande du temps. En revanche, pratiquer régulièrement la franchise avec les gens et en récolter les bénéfices t'aideront à tenir bon et à rejoindre la minorité de personnes de confiance.

4. Développe des compétences en communication

Développer des compétences en communication commence essentiellement par l'habitude de te mettre à la place de la personne en face de toi. Si tu es assez discipliné pour puiser dans l'empathie avant de prononcer un mot, tu communiqueras mieux et éviteras les conflits.

Cependant, ce n'est ni facile ni agréable de résister à la tentation de faire le contraire. Cela nécessite d'appliquer une discipline de manière cohérente afin de rester fidèle à tes nouvelles habitudes plutôt que de recourir aux anciens schémas de communication inefficaces.

Les habitudes de communication négatives, comme se mettre en colère ou se battre, sont généralement des sensations passagères qui peuvent être contrôlées si tu fais un effort conscient pour les saisir avant d'y succomber. En contrôlant l'impulsion avant d'aggraver la situation, tu maîtriseras la capacité à communiquer avec les gens sans recourir à des arguments tempétueux.

Le résultat de cette pratique (amélioration du contrôle des impulsions), t'aidera dans d'autres domaines de la vie, en t'apprenant comment échanger une petite récompense instantanée avec un résultat plus conséquent, durable et positif.

Beaucoup de problèmes de communication viennent aussi d'un jugement trop catégorique. Il est facile de juger les autres sans bien comprendre leur situation. C'est une impulsion similaire à se disputer automatiquement avec quelqu'un au lieu de se mettre à sa place.

Apprendre à gérer ce comportement impulsif est un autre exercice que tu peux faire pour devenir plus discipliné. La tentation de juger tout et tout le monde est souvent dominante. Il est facile de s'oublier et de commencer une longue tirade inutile qui ne dessert personne.

Essaye de te rattraper chaque fois que tu te surprends à juger quelqu'un d'autre et arrête-toi. Médire aide rarement quelqu'un. Fais-en un exercice valorisant en apprenant à y résister.

Une autre habitude de communication négative à briser est d'être incapable ou peu disposé à indiquer tes besoins et / ou à dire non.

Il est plus facile de céder et de dire que tu feras quelque chose plutôt que de refuser et de faire face aux conséquences désagréables du rejet de quelqu'un. C'est pourquoi c'est une bonne idée d'apprendre à exprimer tes besoins et à te mettre dans ces situations désagréables afin que tu puisses mieux les gérer.

Cela peut prendre des années pour voir une amélioration si tu es naturellement une personne qui fait passer les autres d'abord, mais même dans ce cas, tu peux toujours te sentir mal à l'aise de répondre à tes besoins par rapport aux besoins des autres. Cependant, c'est une pratique riche et cohérente qui t'aidera à mieux gérer les situations embarrassantes et désagréables qui peuvent survenir lorsque tu exprimes ce dont tu as besoin ou ce que tu veux (ou quand tu dis non et que l'autre le prend mal). Tu ne peux pas *ne pas* développer ta discipline en expérimentant régulièrement de telles situations.

5. Apprends à te faire confiance

Être obsédé par ce que les autres pensent de toi n'est rien d'autre qu'un manque de discipline pour te faire confiance. Il est plus facile et agréable de demander la validation d'autres personnes que d'apprendre à se sentir bien sans leur approbation. Il est également facile de faire ce que les autres te disent de faire au lieu de prendre le temps et de te demander ce que tu veux vraiment.

Cependant, comme nous l'avons déjà mentionné à quelques reprises dans ce livre, choisir le confort t'aide rarement à atteindre tes objectifs. Dans le cas où tu te soucies de ce que les autres pensent de toi ou que tu fais les choses pour les satisfaire, tu choisis le confort facile (en te concentrant sur le fait d'être aimé) plutôt que l'inconfort qui t'apporterait plus de bonheur (vivre selon tes propres décisions sans te soucier de la perception des autres).

Évidemment, ne pas se soucier de ce que les autres pensent n'a rien à voir avec le fait d'être insensible ou de se marginaliser. Ce serait une autre dimension du même comportement ; trouver ton estime de soi en prouvant que tu n'as *pas* besoin d'approbation.

Le juste équilibre exige une forte autodiscipline, qui consiste simplement à *être la meilleure version de toi-même*. Dans tous les cas, l'opinion des autres ne t'importe pas ; il ne s'agit pas de faire des choses socialement acceptées ni d'aller à contre-courant. Il s'agit de faire ce qu'il faut pour toi et pour que tu tiennes bon malgré les doutes et / ou d'autres personnes qui te critiquent constamment dans le but de te faire changer de voie.

J'ai un excellent exemple personnel vécu durant mes deux années passées à l'université. Même si je savais que la fac n'était pas mon lieu de prédilection, j'ai cédé parce que c'est ce que les jeunes après le lycée étaient censés faire.

Deux ans plus tard, j'abandonnais et décidais de suivre mon propre chemin, loin de l'éducation classique et de la routine métro-boulot-dodo. Mon chemin était pavé de doutes et de difficultés, mais à la fin, le fait de définir ma propre voie au lieu de suivre celle prescrite m'a aidé à atteindre le style de vie dont je rêvais. Si je n'avais pas eu la discipline de continuer malgré la désapprobation des autres, je suis sûr que je ne serais pas si heureux aujourd'hui.

Dans ce cas, la force mentale dont j'avais besoin pour suivre mon propre chemin m'a aidé à construire tout le cadre de ma vie et à me faire confiance au lieu de choisir la voie facile en suivant ce que font les autres.

6. Arrête de te plaindre

Pour la majorité d'entre nous, il ne se passe guère une journée sans formuler quelques plaintes.

Le temps est affreux. Les embouteillages sont horribles. Elle est toujours en retard. Comment ose-t-il me servir un dîner froid ?

Aucune de ces plaintes n'a de valeur dans nos vies, pourtant nous continuons à les dire parce que c'est plus facile que de trouver une solution (ou de les accepter si nous ne pouvons pas les changer).

Il est difficile et désagréable d'arrêter de se plaindre et de se tourner plutôt vers des solutions, mais au final, c'est une pratique puissante qui t'aidera à grandir en tant que personne et à prendre le contrôle de toi-même.

L'auteur et conférencier à succès Will Bowen suggère un jeûne de plainte de 21 jours[42]. Pour corser le défi, ces 21 jours doivent être consécutifs. Une erreur te renvoie au premier jour, ce qui en fait un défi difficile qui nécessitera des semaines ou des mois à terminer.

Je me plaignais sans cesse, surtout du temps. Quand j'ai réduit le nombre de mes plaintes (avec quelques faux-pas) et accepté tout ce que je ne pouvais pas contrôler, ma vie est devenue plus heureuse et facile. Ceci, en retour, m'a aidé à développer plus d'autodiscipline.

7. Surmonte la timidité

Peu de choses peuvent limiter tes chances de réussir davantage que la timidité. Un manque de confiance est une condition handicapante qui affecte chaque domaine de la vie, ce qui rend difficile la réalisation des objectifs et de grandir en tant que personne.

C'est aussi l'un des problèmes les plus difficiles à gérer, nécessitant beaucoup d'autodiscipline. Tu ne peux faire face à la timidité qu'en te mettant quotidiennement dans des situations désagréables. Plus tu es timide, plus tu auras des situations stressantes à vivre avant d'avoir confiance en toi.

Des mois d'exposition constante aux facteurs de stress peuvent mettre à l'épreuve même les personnes les plus fortes. Cependant, l'objectif que tu atteindras au final, à savoir une vie sans timidité, est l'un des objectifs les plus importants que tu puisses atteindre.

J'ai été une personne timide pendant une grande partie de ma vie. C'était mon pire problème, mais aussi l'une des meilleures choses de ma vie parce que cela m'a forcé à parcourir ce chemin désagréable pour le résoudre.

Même si tu ne souffres pas d'une timidité extrême (mais simplement ne te considères pas comme une personne particulièrement confiante), pense à travailler sur ta confiance en toi en t'exposant aux contextes sociaux que tu évites (par exemple, parler avec des étrangers).

Voici quelques exercices simples pour être plus à l'aise avec ton handicap, ce qui en retour fera de toi une personne plus confiante :

- parle avec des étrangers. Bavarder avec des étrangers est un moyen puissant de se débarrasser de la timidité. Si tu manques de confiance en toi, commence par quelque chose de simple et facile comme demander ta route ou l'heure (points bonus si tu demandes l'heure avec un téléphone dans la main ou une montre à ton poignet). Si tu as plus de courage, imagine des sujets de conversation plus étranges, ou bien, tu peux même flirter.

- pratique le contact visuel. Initier un contact visuel avec des étrangers (ou les surprendre à te regarder) et le maintenir aussi longtemps que possible. N'oublie pas de cligner des yeux et de sourire légèrement. Sinon, tu pourrais rendre les gens mal à l'aise, et ce n'est pas le but de cet exercice.

Points bonus pour initier un contact visuel, le maintenir et discuter avec la personne que tu regardes.

- parler en public. Si tu es une personne timide, peu de choses sont plus gênantes et difficiles que de se tenir devant un groupe de personnes et de présenter quelque chose avec une voix et des jambes tremblantes. Cependant, c'est exactement ce que tu dois faire pour détruire ton manque de confiance. J'ai assisté à quelques réunions Toastmasters dans le passé, et j'ai trouvé que c'était un moyen efficace de s'habituer à parler devant des étrangers (ainsi que de se faire de nouveaux amis).

Évidemment, ces sept idées sont seulement quelques astuces différentes et stimulantes sur lesquelles tu peux travailler pour faire l'expérience d'un développement personnel immense et stimuler ton autodiscipline. La clé est de trouver quelque chose qui t'obligera à te mettre dans des situations désagréables pour agrandir ta zone de confort.

L'INCONFORT DÉVELOPPE LE CARACTÈRE : RÉCAPITULATIF

1. En te mettant volontairement dans des situations désagréables, tu apprends à faire face à l'adversité. Par conséquent, tu deviens plus tenace et plus discipliné chaque fois que tu dois faire face à de nouvelles situations exigeantes.

2. T'exposer à des températures froides peut t'apprendre à faire face à des situations douloureuses à court terme. Cela t'aidera à développer une plus grande conscience de tes propres réponses et de la façon dont tu peux continuer malgré un inconfort écrasant.

3. De temps en temps, essaye d'agir sans la présence d'une chose dont tu as habituellement besoin ; une certaine habitude ou un objet. Cela t'aidera à mieux l'apprécier tout en renforçant ton endurance (ainsi, au cas où une telle situation se produirait hors de ton contrôle, tu seras plus en mesure de la gérer).

4. La thérapie du rejet, qui vise à se faire rejeter plutôt qu'à être accepté, est un moyen efficace de

s'habituer à l'inconfort mental qui prend place quand on nous dit « non ».

5. T'exposer à l'échec est un exercice riche pour rester humble et expérimenter plus d'opportunités d'apprentissage. Une grande partie de l'autodiscipline est la persévérance. Si tu développes l'habitude de te relever chaque fois que tu tombes, tu auras plus de facilité à utiliser ton autodiscipline dans d'autres situations qui exigent de la volonté.

6. Prends l'habitude de faire les choses les plus difficiles sans hésitation. Plus tu réfléchis avant de faire quelque chose que tu trouves difficile, plus il sera compliqué de rassembler assez de volonté pour le faire. Si tu ne te permets pas d'hésiter, tu développeras bientôt une habitude qui facilitera la gestion de ta faiblesse.

7. Les buts difficiles à atteindre exigent beaucoup de ténacité mentale et d'autodiscipline. Si tu te fixes constamment de nouveaux objectifs difficiles à atteindre, tu connaitras non seulement plus de réussite, mais tu apprendras aussi à persévérer malgré les difficultés et les revirements de situation.

8. Apprendre une langue étrangère est l'un des meilleurs exercices d'autodiscipline, car c'est un objectif à long terme (nécessitant au moins six à douze mois d'implication) et parce qu'il peut générer beaucoup de frustration et te pousser à renoncer.

9. Parmi les autres compétences qui exigent beaucoup de patience (et ainsi testent ton autodiscipline et t'aident à grandir), on peut citer : les activités nécessitant de maîtriser une bonne technique comme le golf, le tennis ou les échecs, la cuisine, le jardinage, le travail créatif, la lecture ou le tricot, sans oublier les compétences en communication.

10. Des activités stimulantes pour t'aider à grandir en tant que personne sont un moyen idéal de développer plus de ténacité mentale et d'autodiscipline. Elles exigent généralement que tu remplaces tes choix agréables par des choix désagréables, mais finalement plus bénéfiques. Par conséquent, tu amélioreras ta maîtrise de toi. Ces objectifs et activités sont : maîtriser l'honnêteté, se faire confiance, ne pas se plaindre et surmonter la timidité.

Chapitre 4 : Vis avec intention

Le monde extérieur répond à ton monde intérieur. Si c'est le chaos dans ton esprit, c'est le chaos dans ton monde extérieur. Si tu n'es pas en paix, tout ce qui t'entoure peut devenir source de stress.

Si tu n'as aucun contrôle sur tes pensées intérieures, il est peu probable que tu aies beaucoup d'autodiscipline dans ta vie quotidienne.

Peu de gens vivent leur vie avec intention. Tout le monde est trop occupé, en retard et distrait pour ralentir et accorder plus d'attention à ce qui se passe dans sa tête. Par conséquent, sa vie intérieure la dépasse, influençant son monde extérieur sans qu'elle en soit consciente.

Construire l'autodiscipline est immensément plus difficile si tu te concentres seulement sur l'aspect externe de celle-ci en négligeant le pouvoir de ton esprit.

Si tu développes un esprit calme capable de gérer ses pensées, en filtrant celles qui sont inutiles, en formant des pensées positives et en cherchant des justifications pour faire les bonnes choses au lieu de trouver des excuses pour ne pas les faire, l'acte de maîtrise de soi deviendra beaucoup plus facile.

Comment commences-tu à vivre avec plus d'intention ? Tout commence avec ...

L'habitude : Aiguiser ta conscience en observant la sérénité

Peter Drucker, célèbre consultant en gestion, a déclaré : « Ce qui est mesuré est géré. » Dans le cas de nos pensées, ce qui est observé est géré.

Bien qu'il soit impossible de gérer toutes nos pensées (selon diverses estimations, nous avons jusqu'à 70 000 pensées par jour[43]), nous pouvons observer celles qui surviennent le plus fréquemment et les contrôler, si nous sommes seulement conscients d'elles.

Une personne lambda n'observe pas beaucoup ses pensées. Elle suppose qu'elle est le résultat de ses pensées et de ses sentiments. Si elle *a un sentiment* d'anxiété, elle *est* anxieuse. Si elle *pense* qu'elle est stupide, elle *est* stupide. Si elle *sent* qu'elle ne peut plus résister à la tentation, elle *n'est pas* autodisciplinée. Elle s'associe aux pensées éphémères qui impactent sur son comportement, et non l'inverse.

Comment peux-tu construire une autodiscipline permanente si tu accordes autant de poids à tes pensées ? Tout doute dans ton esprit va ruiner ta détermination et solidifier la conviction que tu ne peux pas devenir une personne plus disciplinée.

Réaliser que tu n'es pas tes pensées et qu'elles ne sont que des sensations passagères comme des odeurs, des images ou des sons, t'aidera à réaliser que c'est toi qui contrôles ce que tu penses. Lorsque tu développes cette capacité, tu as le pouvoir de te définir comme tu le souhaites.

La clé pour atteindre cet état de conscience est de s'engager régulièrement dans un acte de sérénité. Même si je souhaite encourager chacun à développer l'habitude de faire de la méditation régulièrement, tout le monde ne trouve pas cela agréable et utile.

Rester assis les yeux fermés peut être trop épuisant ou simplement ennuyeux.

Si tu as essayé et que tu n'as pas trouvé cela efficace après au moins quelques semaines, voici quelques alternatives qui valent la peine d'être expérimentées.

1. Écoute attentivement de la musique

Et non, il est peu probable que tu aies une expérience méditative avec du heavy metal. La musique la plus propice à l'écoute du monde autour de toi et à l'exploration de ton monde intérieur est instrumentale ou au chant apaisant et harmonieux avec le rythme de la chanson. Tout comme avec la méditation, l'objectif est de faire disparaître le monde qui t'entoure et de réduire ton être au simple fait d'être là (ou dans ce cas, d'écouter).

2. Pratique le yoga ou le tai-chi

Le yoga et le tai-chi font partie des rares activités qui te permettent de te rapprocher au plus près de la méditation, sans réellement méditer.

Maintenir une position tout en te concentrant sur ta respiration et en laissant aller la tension dans ton corps, c'est presque comme de la méditation. La seule différence est que tu ne restes pas assis, mais que tu t'engages dans l'expérience méditative avec tout ton corps.

De toutes les sept idées énumérées ici, c'est le seul type d'expérience méditative qui nécessite un enseignant pour fonctionner correctement (techniquement, tu peux l'apprendre à partir de livres et de vidéos, mais ce n'est pas l'idéal).

3. Tenir un journal

L'acte d'écrire tes pensées les plus intimes peut aussi être une expérience méditative. Cela aide à diminuer les bavardages dans ton esprit et à découvrir des couches plus profondes de ton monde intérieur.

Pour de meilleurs résultats, tu peux soit tenir un journal à la main ou le faire sur ordinateur, sans pouvoir accéder à Internet (ou au moins avec les notifications d'emails et des réseaux sociaux désactivées). Sinon, il est difficile de se plonger complètement dans l'expérience de poser par écrit tes pensées.

4. La méditation en marchant

La méditation en marchant est à l'origine connue sous le nom de *kinhin* dans le bouddhisme. Cependant, la pratique du *kinhin* est plus structurée et nécessite de marcher dans le sens des aiguilles d'une montre autour d'une pièce tout en faisant des pas synchronisés avec la respiration.

Tu n'as pas à suivre cette pratique à la lettre ; le simple fait de marcher en pleine conscience peut aussi être une expérience méditative. Pour de meilleurs résultats, rend-toi dans un parc, une forêt ou tout autre espace vert avec le moins de distractions possible. En marchant, concentre-toi uniquement sur l'acte de marcher et sur ton environnement.

J'avais l'habitude de faire des sprints de côte à 10 minutes à pied de mon appartement. Chaque fois que je revenais de mon entraînement, mon esprit était rempli d'endorphines et naturellement plus enclin à entrer dans une expérience méditative.

Souvent, perdu dans mes pensées, je ne pouvais même pas me souvenir d'une grande partie de mon retour à la maison. C'est exactement le sentiment que tu recherches ; te perdre tellement dans ton monde intérieur que tu arrêtes de penser à toutes les distractions du monde extérieur.

5. La méditation par le regard

Si tu ne peux pas rester assis les yeux fermés, la méditation par le regard est une option qui pourrait te convenir. Connue sous le nom de *trāṭaka* dans l'hindouisme, cette méthode de méditation consiste à regarder un seul point. Cela peut être quelque chose d'aussi simple qu'un point noir sur le mur, un arbre devant toi ou une flamme de bougie (ne regarde pas le soleil !).

Tout comme n'importe quel autre type de méditation, la méditation par le regard est également efficace pour calmer un esprit agité. Elle aide également les débutants à rester concentrés plus efficacement qu'en restant assis les yeux fermés. Fixer un point unique est plus agréable.

Parfois, je pratique ce type de méditation au lieu de le faire les yeux fermés. C'est particulièrement apaisant quand tu es assis dans la nature et que tu regardes quelque chose de beau (par exemple, une fleur au milieu d'une prairie ou un vieil arbre et ses feuilles colorées).

6. La méditation par la respiration

Alors que le type de méditation traditionnel s'intéresse en partie à la respiration, dans celui-ci, elle est l'axe central.

Il existe différents types que tu peux suivre. Certains prescrivent de longues inspirations lentes et des expirations rapides. D'autres recommandent des inspirations lentes, de longues pauses, puis des expirations lentes. Peu importe la technique de respiration que tu utilises, la clé est de concentrer toutes tes pensées sur une respiration profonde.

Fournir à ton corps plus d'oxygène que d'habitude (la plupart des gens ne respirent pas profondément pendant la journée) t'apportera plus d'énergie, ce qui rend cette méditation intéressante à pratiquer le matin.

7. La méditation par la reconnaissance

Si la méditation traditionnelle est trop ennuyeuse pour toi parce que tu ne peux pas arrêter le flux de pensées dans ton esprit, pense à les remplacer par des pensées de reconnaissance.

Si tu occupes ton esprit avec un certain type de pensée (dans ce cas, la reconnaissance), d'autres pensées cesseront d'apparaître aléatoirement (ou du moins cesseront de se produire si souvent). Cela permet de maintenir une concentration intérieure et de te désintéresser du monde autour de toi.

Ce type de méditation possède également le bénéfice d'améliorer l'humeur. Tu ne peux pas t'empêcher de te sentir plus heureux quand tu t'assieds pendant cinq ou dix minutes et trouve des dizaines, voire des centaines de raisons pour lesquelles ta vie est incroyable.

Toutes ces activités méditatives t'aideront à devenir plus conscient de tes pensées intérieures. Une fois que tu as conscience d'elles, tu peux commencer à vivre avec plus de contrôle sur tes pensées. Tu seras en mesure de transformer les pensées négatives en pensées positives, ou de les observer sans jugement et de les laisser traverser ton esprit.

Cette pratique, répétée tous les jours, renforce la maîtrise de soi ; tu seras plus apte à gérer les pensées tenaces ainsi que les émotions impulsives qui émanent toujours d'une certaine pensée.

Une envie de manger quelque chose n'est pas la faim ; c'est une sensation passagère qui devient plus facile à surmonter si tu sais qu'elle est temporaire, comme toute autre pensée. Si tu es conscient de la pensée « cela a l'air délicieux » et que tu peux la séparer de ton état actuel avant qu'elle ne se transforme en sensation de faim, contrôler tes impulsions sera beaucoup plus facile.

Essaye de dépersonnaliser l'envie en pensant « mon corps ressent la faim » ou « la faim se fait sentir ». Si tu es la personne qui observe l'émotion, qui la ressent ? Ce n'est certainement pas toi ; et c'est une astuce utile pour mieux gérer les tentations.

Il en va de même pour les pensées défaitistes et décourageantes ; tout comme le sentiment d'envie, elles sont temporaires. Bien sûr, elles peuvent s'attarder pendant plus de quelques minutes, mais elles disparaissent également, tout comme les pensées aléatoires apparaissant dans ton esprit pendant que tu médites. En étant simplement conscient de ce fait, tu peux développer ta capacité à attendre, avant que ces sentiments ne te poussent à faire une – mauvaise – action.

Merci de garder à l'esprit que je ne suis en aucun cas un expert en méditation. Certains types de pratiques méditatives que j'ai mentionnés auparavant ont des définitions fluides et peuvent être utilisés de manière interchangeable ou simultanée. Par exemple, tu peux combiner la méditation par la marche avec la méditation par la reconnaissance ou faire du yoga en écoutant de la musique relaxante.

Une alternative spéciale, ou plutôt, une activité supplémentaire en plus d'un type de pratique méditative est ...

Exercice : Embrasser une vision concentrée

La méditation n'est pas seulement quelque chose que l'on fait comme activité spécifique à un moment précis. Tu peux également t'exercer quotidiennement pour mieux contrôler les distractions. Chaque fois que tu ralentis, prend conscience de ce que tu fais et concentre-toi sur la sensation qu'une expérience spécifique te procure, ce qui te fait gagner plus de contrôle sur ton esprit.

Chaque jour, nous manquons des centaines, sinon des milliers d'expériences spéciales juste parce que nous sommes distraits par d'autres choses. Souvent, ces distractions nous conduisent à céder à des tentations, parfois inconsciemment.

Tu es en retard pour une réunion, tu prends les premiers aliments qui te passent sous la main (habituellement quelque chose de gras) avant de partir. Si tu ralentissais et effaçais les pensées distrayantes de ton esprit, les tentations seraient beaucoup moins difficiles à surmonter.

Embrasser une vision concentrée peut t'aider avec cet aspect. Le premier volet de cet exercice est de pouvoir ralentir. Tu ne peux pas bien le faire si tu es pressé. Si tu peux mettre de côté au moins quelques minutes (ou simplement utiliser des pauses entre tes activités) où tu peux vraiment te concentrer sur le moment présent sans te préoccuper de ce que tu vas faire, tu peux passer à la deuxième étape ; devenir conscient.

À titre d'exemple, disons que tu fais une courte balade en forêt. Alors que d'être seul dans la nature est propice à moins de distractions, il y a quelque chose que tu peux faire de plus pour entrer dans un état méditatif et te vider l'esprit.

Cueille une feuille, touche l'écorce d'un arbre ou regarde un oiseau ou un écureuil. Engage tous tes sens ; laisse-toi avaler par l'expérience. Trace les contours de la feuille. Sens sa texture. Regarde sa couleur intense. Sens-la.

Utilise ta volonté pour concentrer toute ton attention sur la feuille dans ta paume. Déconnecte-toi du monde autour de toi. Ressens toutes ces sensations étranges en devenant conscient de cette feuille. Au début, tu ne seras probablement pas en mesure de le faire plus de quelques secondes. Après tout, quelle personne saine d'esprit passe une minute ou deux à regarder une simple feuille (et d'ailleurs, quelle personne à l'esprit sain parle d'être « conscient » d'une feuille ?).

Cependant, une pratique disciplinée dans l'observation de petits détails que tout le monde ignore ne fait pas que rendre le monde plus intéressant, mais aiguise aussi ta conscience. En conséquence, tu deviens mieux armé pour identifier et gérer les tentations avant qu'elles deviennent dominantes.

Le problème avec beaucoup de sentiments et de pensées autodestructeurs n'est pas seulement qu'ils surgissent, c'est que tu ne sois pas conscient d'eux et que tu les laisses dicter ton comportement sans y prêter attention.

Nos esprits sont très doués pour justifier chaque décision que nous prenons. Ce n'est que rétrospectivement que nous pouvons dire que nos décisions étaient insensées et dictées par ce que nous ressentions à un moment précis (et cela ne semble pas être une façon saine de prendre des décisions, n'est-ce pas ?).

Une capacité de concentration courte est ce qui cause ce problème. En adoptant régulièrement une vision concentrée, tu amélioreras ta capacité à te concentrer et réduira ainsi le risque de prendre des décisions émotionnelles.

Exercice : Parle avec ton toi futur

Chaque fois que tu choisis une petite récompense instantanée au lieu d'une plus grande récompense reportée, tu prives ton toi futur. Nous sommes mauvais à imaginer nos nous futurs et à associer qui nous sommes maintenant avec la personne que nous serons dans un an.

Cette personne ressemble à un étranger, pas à nous. Et comme c'est un étranger, il est plus facile de réclamer de petites récompenses que d'attendre de meilleures récompenses plus tard. Après tout, nous sommes ici dans le présent, pas dans le futur, n'est-ce pas ?

En psychologie, il y a un concept appelé actualisation temporelle[44] ; la tendance à donner plus de valeur aux récompenses reçues dans le présent ou dans un temps court par rapport aux récompenses reçues dans le futur. Tu préfères 100 euros maintenant plutôt que 200 euros dans un an ou une pizza gratuite dans 2 heures que deux pizzas gratuites dans 6 mois.

Appliqué à l'autodiscipline et en raison de l'actualisation temporelle, tu donneras plus de valeur à satisfaire ton envie dans le présent que d'atteindre ton physique idéal dans 6 mois. La première récompense est réelle, à portée de main, et la deuxième récompense (et la vision de toi dans 6 mois) n'est qu'un concept, quelque chose de difficile à imaginer.

L'exercice que je vais décrire vise à résoudre ce problème. Nous avons des difficultés à nous imaginer dans l'avenir parce que nous le faisons rarement. Tu peux résoudre le problème de la dissociation entre ton toi actuel et ton toi futur en écrivant une lettre à ton toi actuel du point de vue de ton toi futur.

Disons que tu aimerais perdre 10 kilos et être en bonne santé. Cependant, tu es en difficulté avec cet objectif parce que tu ne peux pas donner plus de valeur à la récompense future (physique sain) plutôt qu'à la récompense instantanée (manger de la nourriture que tu aimes). Par conséquent, la gratification instantanée gagne toujours.

Maintenant imagine-toi dans le futur comme une personne qui n'a pas atteint cet objectif, qui a décidé de priver son soi futur. Rends l'image encore plus dégradante que ta situation actuelle ; tu pèses encore plus qu'aujourd'hui, et ton poids ne cesse d'augmenter.

Que dirait ton toi futur (obèse) ? Serait-il heureux que tu aies choisi de céder à la tentation plutôt que d'atteindre l'objectif à long terme ? Comment la perspective d'un avenir encore plus dégradant affecte-t-elle ton autodiscipline aujourd'hui ?

Si tu imagines chaque détail et que tu en fais un processus émotionnel de visualisation, il est probable que ton toi futur cessera d'être un concept virtuel et deviendra quelque chose de réel.

Tu peux aussi faire le contraire en imaginant ton toi futur ayant atteint l'objectif de perdre du poids. Que dirait-il à propos de ton objectif ? À quoi ressemblerait le chemin vers l'objectif dans les yeux d'une personne qui l'a déjà atteint ?

Il est souvent plus facile d'imaginer atteindre le but (et la personne que tu deviendras) si tu visualises le résultat parfait et retrace ensuite chaque étape nécessaire pour l'atteindre (plutôt que de déterminer les étapes depuis ta position actuelle).

Exercice : Construis ta boussole

Dans quelle mesure es-tu conscient de tes valeurs et priorités les plus importantes dans la vie ? Comment affectent-elles ta prise de décision ?

Lorsqu'on leur demande, la plupart des gens n'hésiteraient pas à dire que leurs valeurs les plus importantes sont la santé, la famille ou la liberté. Pourtant, leur vie quotidienne ne le reflète pas parce qu'ils n'ont pas de règles claires concernant leurs valeurs ; une boussole personnelle pour les guider.

Quelques fois dans l'année, fais une liste de tes valeurs les plus importantes et demande-toi si tes actions quotidiennes les respectent. L'une des forces les plus puissantes est le besoin d'intégrité. Si tu découvres que la santé est de la plus haute importance pour toi, mais que tu as récemment pris quelques kilos et cessé de faire de l'exercice aussi souvent qu'avant, cela peut te donner le coup de fouet nécessaire pour revenir sur la bonne voie.

Vivre avec intention exige un esprit et une concentration clairs. Avoir un ensemble de valeurs clairement définies (et les habitudes ou règles suivantes que tu dois pratiquer pour être cohérent avec elles) t'aidera à maintenir un niveau constant d'autodiscipline dans la vie.

VIS AVEC INTENTION : RÉCAPITULATIF

1. Un esprit calme et concentré est un outil puissant qui t'aidera à résister aux tentations et à atteindre tes objectifs malgré les revirements de situation, les échecs et les distractions. Vivre avec intention est un plus si tu souhaites devenir une personne avec beaucoup de contrôle de soi.

2. Pour vivre avec intention, commence par aiguiser ta conscience. Le moyen le plus facile de devenir plus concentré et présent au lieu d'être distrait et déraisonné est de s'engager dans une pratique méditative. Se concentrer sur le monde intérieur et calmer le monde extérieur qui t'entoure est l'une des clés d'un esprit calme et discipliné.

3. En plus de la méditation régulière, il y a au moins sept alternatives. Tu peux essayer chacune d'elles pour voir laquelle est la plus efficace pour t'aider à calmer le bavardage dans ton esprit. Tu peux écouter attentivement de la musique, pratiquer le yoga ou le tai-chi, écrire un journal ou expérimenter la méditation par la marche, le regard, la respiration ou

la reconnaissance. Tu peux même essayer une association.

4. Sans la capacité de voir les petites choses et d'utiliser tous tes sens tout en faisant cela, découvrir ce qui te rend enclin à céder à la tentation sera plus difficile. Embrasser une vision concentrée, exercer ton attention sur une seule chose pour l'expérimenter avec tous tes sens, est utile pour améliorer ta capacité d'attention et éviter de prendre des décisions émotionnelles.

5. En raison de l'actualisation temporelle, les gens sont enclins à donner plus de valeur aux récompenses qu'ils peuvent obtenir instantanément (comptage en heures) que les récompenses qu'ils obtiendront dans le futur (comptage en semaines ou en mois), même si les récompenses futures sont plus grandes. Imaginer ton toi futur peut rendre la perspective de l'avenir plus facile à saisir. En conséquence, tu arrêteras de priver la personne que tu deviendras des récompenses, seulement parce que tu donneras plus de valeur à ton toi actuel (même si la récompense est beaucoup plus petite et peu bénéfique pour toi à long terme).

6. Équipe-toi d'une boussole de tes valeurs personnelles. Sans un ensemble clairement défini de priorités dans la vie, il est facile de s'éloigner de la bonne voie et de faire des choses qui ne reflètent pas ce en quoi tu crois. Te rappeler périodiquement de ce qui est le plus important pour toi peut t'aider à faire des changements pour reprendre le contrôle de ton esprit et solidifier les aspcects cruciaux que tu as négligés.

Chapitre 5 : Épuisement professionnel et découragement ; il ne s'agit pas que d'autodiscipline

C'était un de ces jours où je me sentais trop épuisé pour aller à la salle de sport, mais j'y suis allé quand même. Après un entraînement exigeant, je suis rentré à la maison avec des jambes qui semblaient être d'énormes pierres et un dos tendu et douloureux.

J'ai appelé un ami et nous sommes allés au sauna. Je pensais que ce serait une excellente façon de détendre mon corps et de récupérer de mon entraînement.

Pas cette fois.

Après avoir passé dix minutes dans un sauna sec, je me suis immergé pendant quelques minutes dans une piscine d'eau glacée, comme je le fais habituellement. Je pouvais sentir que quelque chose n'allait pas, presque instantanément. Ma vision s'est brouillée et j'ai eu des vertiges.

J'ai ignoré ces symptômes. Je pensais qu'ils passeraient en une seconde.

Mais non. Quelques minutes plus tard, je me suis rendu compte que si je ne quittais pas la piscine, je m'évanouirais. J'ai grimpé l'échelle de la piscine avec la tête qui tourne.

Appuyé contre le mur, j'ai fait à peine quelques pas tremblants avant de devoir m'asseoir par terre pour ne pas tomber.

Pendant dix minutes je me suis battu avec un vertige et une nausée intenses. Je me suis finalement résigné, demandant à mon ami d'appeler le sauveteur pour obtenir de l'aide. Il m'a fallu environ une heure pour me rafraîchir le cou (prescription du sauveteur) et j'ai souffert de la pire sensation de vertige de ma vie avant de pouvoir aller aux vestiaires. Il m'a fallu trente minutes de plus, assis dans la voiture, avant que je ne sois prêt à conduire, et encore quelques heures de sommeil à la maison avant que je ne me sente de nouveau bien.

Le lendemain, je me suis réveillé avec un mal de gorge, des articulations douloureuses et un épuisement total du corps. J'ai été malade pendant quelques jours, incapable de faire quoique ce soit de productif, et encore moins d'aller à la salle de sport. Il a fallu encore quelques mois avant que je sois assez courageux pour retourner au sauna. À ce jour, je ne me sens pas entièrement à l'aise de rester dans un sauna sec pendant plus de quelques minutes.

Depuis, j'ai appris ma leçon ; personne n'est indestructible. Mon obsession de l'autodiscipline est allée trop loin. Non seulement j'ai ignoré le premier signal (en allant à la salle de sport), mais le deuxième aussi (ne pas quitter immédiatement la piscine glacée quand quelque chose n'allait pas).

Maintenant, je fais plus attention à mon corps et je m'octroie des pauses régulières pendant les entraînements. Je ne joue plus trop agressivement avec des températures extrêmes. Je me lance encore des défis, mais je les relève d'une manière plus sécurisée pour éviter de prendre des risques.

Si tu es comme moi, tu pourrais être tenté de penser que tu peux supporter beaucoup plus qu'une personne ordinaire. Mais même si être mentalement fort est utile, cela ne signifie pas que tu devrais franchir toutes les limites et faire des choses qui mettent en danger ta santé ou ta vie.

Étire-toi, mais ne te brise pas

Te mettre délibérément dans des situations désagréables est utile, mais n'oublie pas que cela ne devrait pas devenir insupportable. Chaque exercice dans ce livre est destiné à être pratiqué régulièrement, mais pas quand ton corps t'envoie des signaux évidents qu'il ne peut pas en supporter plus.

Il en va de même pour ta force mentale. Bien que la volonté dépende probablement du fait que nous pensons qu'elle soit ou non limitée[45] (et non, comme Kelly McGonigal[46] et Roy Bauimester[47] disent, dépendante de tes niveaux de glucose), il y a un point où l'inconfort devient trop important. Étire ta zone de confort à tel point que tu te sentes défié, mais pas trop menacé ou frustré.

Dépasser un niveau d'inconfort supportable peut entraîner une diminution de l'efficacité, et souvent des résultats négatifs néfastes.

Les bourreaux de travail sont fiers de travailler plus de 70 heures par semaine, pensant qu'ils sont extrêmement disciplinés et que tout le monde devrait les-en féliciter. En fait, ce qu'ils font n'est pas adroit. Une recherche a prouvé que quelqu'un qui travaille 70 heures ne produit rien de plus avec ces 15 heures supplémentaires qu'une personne travaillant 55 heures par semaine[48].

J'ai eu pour habitude de respecter une routine d'écriture de 3 000 mots par jour. Je m'y suis tenu pendant quelques mois, me sentant fier de moi et de ma capacité à écrire autant chaque jour. Puis, un jour, toute ma volonté a disparu, remplacée par la frustration et une réticence accablante. Même écrire une seule phrase, c'était trop. Ma routine était devenue trop exigeante, et il n'y avait que le simple fait de faire une longue pause qui pouvait m'aider à revenir à l'écriture.

Si j'avais commencé par écrire 1 000 mots par jour, puis augmenté graduellement ce nombre jusqu'à ce que cela me semble difficile, mais pas trop exigeant, je n'aurais probablement jamais connu un tel épuisement.

Bien sûr, je n'aurais écrit qu'un maximum de 1 500 mots par jour, mais ma routine aurait été plus durable, et donc plus efficace à long terme.

L'autodiscipline ne se construit pas du jour au lendemain. Si tu veux devenir plus fort mentalement et mieux contrôler tes tentations, adopte une approche à long terme et privilégie la durabilité plutôt que des résultats rapides.

Si tu veux introduire plus d'inconfort dans ta vie dans le but de devenir plus tenace et plus discipliné, rappelle-toi qu'il ne s'agit pas de t'imposer trop de stress à court terme. Il s'agit de désensibiliser ; une exposition graduelle et répétée à un facteur de stress.

Sans repos approprié, tu ne maîtriseras pas rapidement de nouvelles compétences et ne récupéreras pas suffisamment pour faire un autre entraînement ou t'en tenir à ta routine pendant plus de quelques mois.

Chaque fois que tu définis une nouvelle routine quotidienne ou un objectif que tu souhaites atteindre, n'oublie pas de programmer des temps de pause. Cela peut être un ou deux jours par semaine quand tu ne pratiques pas du tout, des cheat days réguliers pour faire une pause psychologique ou un ou deux jours à ne rien faire, sans culpabilité, lorsque tu travailles.

Un état d'esprit positif est essentiel pour la ténacité mentale (et vice versa)

L'essence de la construction de l'autodiscipline et de la force mentale est de rendre ta vie plus difficile afin que tu puisses mieux gérer les tentations, les revirements de situation et les échecs dans la vie.

En plus de te rendre plus tenace, ces exercices peuvent t'aider à apprécier davantage ce que tu as. Par conséquent, tu deviens une personne plus reconnaissante avec un état d'esprit positif qui te soutiendra au quotidien.

Si tu commences le défi d'une douche froide pendant 30 jours, à la fin de ce défi, tu apprécieras de pouvoir utiliser l'eau chaude simplement en tournant un robinet. Si tu commences à apprendre une langue étrangère, tu apprécieras davantage le fait que tu parles déjà une des langues les plus importantes au monde. Si tu jeûnes pendant 24 ou 48 heures, tu seras plus reconnaissant pour la nourriture dans ton réfrigérateur (et tu en apprécieras aussi davantage le goût).

La reconnaissance est l'une des clés pour avoir un état d'esprit positif. Elle améliore la santé mentale et physique, aide à se faire des amis, réduit l'agressivité, augmente l'empathie et atténue le stress et les traumatismes.

Travailler sur ton autodiscipline et ton endurance mentale t'aidera à devenir une meilleure personne. Cependant, c'est ta capacité à apprécier ce que tu as et à garder une attitude positive qui t'aideront à te relever après un échec ou un revirement de situation particulièrement dévastateur.

Si l'autodiscipline est la seule raison pour laquelle tu persévères, tu peux un jour te sentir vidé de volonté. La deuxième couche de motivation, un état d'esprit positif, te permettra de continuer lorsque tu n'auras envie de rien faire et que toute ta volonté aura disparu.

Les tentations « faciles », comme manger un gâteau pendant un régime, ne pas vouloir enfiler ses chaussures de jogging ou faire glisser le bouton « rappel d'alarme » au lieu de se lever tôt peuvent être résolues par l'autodiscipline. Travaille sur ta volonté, développe de meilleures réponses par défaut et tu pourras surmonter la majorité de ces tentations.

Des tentations difficiles et inattendues ainsi que des problèmes qui remettent en cause ta détermination peuvent faire des dégâts dans ton autodiscipline.

Si tu as dû fermer une entreprise, la volonté et l'endurance ne suffiront peut-être pas à te remettre d'aplomb et à ouvrir une autre entreprise quelques jours après l'échec.

Les gens strictes et autodisciplinés peuvent être tentés de se blâmer pour tout ce qui leur est arrivé. Ou pire encore, ils peuvent être tentés de continuer à travailler, pensant que renoncer (quand cela serait la solution logique) serait un signe de faiblesse.

Les personnes qui peuvent apprécier ce qu'elles ont encore (par exemple, un(e) partenaire qui vous soutient ou l'expérience d'apprentissage) possèdent quelque chose de plus utile dans une telle situation que la simple autodiscipline ; la résilience psychologique et la capacité d'avancer. Si quelque chose s'écroule, c'est que cela devait se produire. Tires-en les leçons et continue.

Se concentrer sur l'émotion positive (la reconnaissance) plutôt que sur la négative (la culpabilité) est ce qui t'aidera à éviter la longue spirale descendante. Il y a un monde de différence entre une personne qui triche et qui se blâme d'être faible d'esprit et une personne qui se dit : « Ce n'est pas un problème de glisser de temps en temps, mais maintenant, il est temps de remonter la pente ».

La première personne continuera à se blâmer elle-même, peut-être pendant si longtemps et si sévèrement qu'elle se rendra compte que cela n'a aucun sens de continuer à travailler sur l'objectif choisi. La deuxième personne, tout en éprouvant techniquement le même revirement de situation que la première personne, n'aggravera pas la situation en se culpabilisant. Elle va reprendre là où elle s'est arrêtée et aller de l'avant.

Tout comme je n'aurais pas dû aller à la salle de sport quand j'ai ressenti des signes évidents de surentraînement, tu ne devrais pas toujours exiger de toi-même une ténacité et une autodiscipline infaillibles. Laisse-toi porter par le vent, n'y résiste pas.

Comment se concentrer sur la négativité peut ruiner ton autodiscipline

Nous sommes naturellement programmés pour nous concentrer davantage sur la négativité que sur la positivité. En psychologie, cela s'appelle le biais de négativité[49]. Quelque chose de très positif a un impact plus faible sur ton comportement que quelque chose d'une force émotionnelle égale, mais négative.

C'est un lundi matin, la cinquième semaine du régime d'Alice. Elle monte sur la balance et voit que son poids a baissé de 500 grammes. Elle est heureuse et reconnaissante, mais elle oublie vite parce qu'elle perd régulièrement du poids depuis cinq semaines.

Une autre semaine s'est écoulée. Elle regarde le chiffre et se fige. Au lieu de perdre encore 500 grammes, elle a gagné 500 grammes.

500 grammes de plus devrait avoir la même charge émotionnelle (quoique négative) que de perdre 500 grammes il y a une semaine. Pourtant, son comportement est complètement différent.

Elle ne l'oublie pas juste après être descendue de la balance. Elle continue d'y penser toute la journée, voire toute la semaine.

Elle pense qu'elle a raté quelque chose, ou peut-être que son régime ne fonctionne plus et qu'il vaut mieux abandonner que de vivre une nouvelle déception la semaine suivante.

Tu vois à quel point il est facile de détruire tous tes progrès en mettant trop l'accent sur la négativité ?

Heureusement, un processus appelé réévaluation cognitive[50], permet de réinterpréter la signification de l'événement négatif pour lui donner une inclinaison positive, afin d'aider à gérer ce problème.

Dans le cas d'Alice, nous pouvons réinterpréter cela de différentes manières.

Elle peut soit réinterpréter cela comme gagner 500 grammes d'eau, ce qui en fait un problème à court terme. Ce ne serait donc pas un signe que son régime perd en efficacité, mais seulement une condition temporaire qui devrait empêcher tout comportement émotionnel.

Elle peut réinterpréter cela comme avoir pris 500 grammes de muscles. Chez certaines personnes, il est possible de brûler de la graisse et de gagner du muscle en même temps, et c'est encore mieux pour le corps d'Alice que de seulement perdre 500 grammes de graisse.

Elle peut aussi réinterpréter cela comme une opportunité de regarder de plus près son alimentation et de s'assurer qu'elle a été fidèle à ses résolutions. Peut-être qu'elle a raté quelque chose et ne l'a pas remarqué ? 500 grammes gagnés cette semaine peuvent l'aider à inverser la tendance avant qu'elle ne s'aggrave.

Tu peux utiliser la réévaluation cognitive pour chaque situation similaire pour changer sa signification et t'empêcher de te sentir déçu voire désespéré.

Que faire lorsque tu as le moral à zéro ou que tu souffres d'un discours intérieur négatif

En travaillant sur l'autodiscipline, il est facile de passer d'un extrême (un manque d'autodiscipline) à un autre (être trop dur avec soi-même). Maintenant que tu travailles sur ta discipline, tu as tendance à devenir plus dur avec toi-même et à te critiquer encore plus souvent et plus lourdement qu'avant.

Bientôt, le discours intérieur négatif suit, te réprimandant pour chaque échec ou même chaque tentation (y compris celles que tu étais capable de surmonter). Il est clair que ce n'est pas un moyen optimal de construire une autodiscipline à long terme.

Comment gères-tu ce problème et te donnes-tu de la puissance avec tes pensées au lieu de faire ressortir ta critique intérieure ? Commence par développer plus d'auto-compassion.

Dans son livre *The Charisma Myth : How Anyone Can Master the Art and Science of Personal Magnetism*, Olivia Fox Cabane dit que plus le niveau d'auto-compassion sera haut, plus le niveau de l'auto apitoiement sera bas[51]. L'apitoiement fait ressortir toutes ces mauvaises pensées négatives et entrave nos progrès.

Il y a plusieurs façons de construire plus d'auto-compassion et, par conséquent, de ne plus avoir le moral à zéro ou de pouvoir échapper à une autosuggestion négative.

Ma préférée, et aussi la plus simple, est de faire une liste de différentes manières de booster ton humeur, afin de te faire sentir que tu prends soin de toi. Chaque fois que tu te sens coincé ou que tu te crois stupide, faible, indigne ou sans talent, consulte ta liste et augmente ton niveau d'énergie.

J'ai 31 choses de ce genre sur ma liste intitulée « Façons de passer de la douleur au plaisir et de me sentir bien immédiatement ». Pour te donner quelques exemples, la liste contient des choses aussi simples que d'écouter un genre de musique spécifique (y compris des morceaux spécifiques), de m'asseoir au soleil, de parler avec des amis, de faire des cadeaux plus créatifs, de dire à quelqu'un que je l'apprécie, ou de trouver de nouvelles idées.

Fais ta propre liste. Lis-la chaque fois que tu te sens triste et choisis une ou deux choses pour booster ton humeur. Il est difficile de trouver des façons de te remonter le moral si tu te sens découragé ou frustré. Avoir une liste de moyens fiables disponible pour t'améliorer est utile pour te rappeler qu'il y a des choses que tu peux faire pour te sentir mieux, et que c'est ton choix de rester dans un état d'esprit improductif.

Tu peux également te remonter le moral en influençant ton langage corporel au lieu de ton esprit. Si tu te tiens droit, que tu illumines ton visage avec un large sourire (peu importe qu'il soit faux), et que tu commences à sauter de haut en bas tout en agitant les mains, il est pratiquement impossible de rester déprimé.

La science soutient ce conseil fou. Une étude menée sur le pouvoir de la posture a montré que d'adopter le langage corporel du pouvoir provoque des changements neuroendocriniens et comportementaux[52]. Elle augmente la testostérone, diminue le cortisol et augmente les sentiments de pouvoir et de tolérance au risque. Prendre la posture du pouvoir ne serait-ce qu'une minute ou deux suffit à te donner l'impression d'être plus puissant, et pas seulement d'avoir un sentiment de pouvoir erroné.

Si tu souffres d'un discours intérieur négatif parce que tu es plus dur envers toi qu'envers les autres, une simple technique de visualisation peut également t'aider. Au lieu de te regarder avec tes propres yeux, imagine que tu es un ami, un membre de la famille ou quelqu'un d'autre qui t'aime.

Comment ta perception de toi-même change-t-elle lorsque tu te regardes à travers les yeux de quelqu'un qui t'aime ? La simple prise de conscience que tu ne traiterais pas ceux que tu aimes comme tu te traites toi-même peut t'aider à éliminer, ou au moins à réduire le discours intérieur négatif.

N'oublie pas que le discours intérieur négatif ne doit pas nécessairement provenir de ton critiqueur intérieur. Cela peut aussi être le résultat d'un corps fatigué ; quand tu t'es trop entraîné, as suivi un régime strict depuis trop longtemps ou n'as pas bien dormi depuis une semaine.

Si ton corps est fatigué, il est facile d'être de mauvaise humeur et de commencer à douter de toi-même ou à penser que tu ne pourras bientôt plus rien supporter. Contrôle ton état physique et assure-toi de dormir suffisamment, de prendre assez de nutriments (le régime peut parfois causer des carences), de soleil (un manque de vitamine D que le corps synthétise avec l'exposition au soleil peut causer la dépression[53]) et de temps de repos (un programme infernal peut élever tes niveaux de stress).

ÉPUISEMENT PROFFESSIONNEL ET DÉCOURAGEMENT ; IL NE S'AGIT PAS QUE D'AUTODICIPLINE : RÉCAPITULATIF

1. L'inconfort n'est pas toujours une bonne idée. Si ton corps doit souffrir pour gérer l'inconfort, ne le mets pas dans de nouvelles situations stressantes. Développe un sens aigu de tes niveaux d'énergie ainsi que de ton bien-être général. Le but des exercices de ce livre n'est pas de mettre ta santé en danger ou de transformer ta vie en cauchemar.

2. Bien que la croissance se produise rarement (si elle se produit) si tu évites constamment l'inconfort, il y a une ligne fine entre l'inconfort bénéfique et stimulant et la zone de panique quand les choses deviennent trop stressantes. Si tu mets trop de poids sur tes épaules et que tu penses devenir plus performant à long terme, attends-toi à une mauvaise surprise.

3. Un état d'esprit positif est un trait de personnalité essentiel pour quelqu'un qui veut devenir

autodiscipliné et impitoyable. Parfois, ta volonté ne sera pas suffisante pour continuer après un évènement particulièrement dévastateur, ou simplement le fait d'être constamment stricte t'épuisera. Dans ces cas, un point de vue positif peut t'aider à revenir sur la bonne voie en redirigeant ton attention focalisée sur l'échec vers l'appréciation de ce que tu possèdes.

4. La culpabilité n'est jamais une bonne émotion pour une personne qui développe l'autodiscipline. Cela augmente la probabilité de rendre ton échec encore plus important en pensant qu'il est pire que ce qu'il n'est réellement. Ne pas résister à la tentation de manger une barre chocolatée ne met pas fin à ton régime alimentaire tant que tu ne le suis pas en faisant des crises de boulimie justifiées par un sentiment de culpabilité dû au fait de n'avoir pas encore craqué.

5. En raison du biais de négativité, nous nous concentrons davantage sur les événements négatifs que sur les événements positifs (même s'ils ont le même poids émotionnel). Tu peux utiliser la réévaluation cognitive pour réinterpréter le sens de l'événement négatif et le transformer en un

événement positif. Grâce à ce processus, tu éviteras le découragement qui peut augmenter les chances de perdre ta volonté.

6. Tu peux faire face à un discours intérieur négatif et / ou à un moral bas en développant plus d'auto-compassion. Certaines des stratégies les plus efficaces comprennent une liste de façons de te dorloter, de changer ton langage corporel pour imiter l'apparence d'une personne heureuse, ou de te regarder du point de vue de quelqu'un d'autre. Un état d'esprit négatif est aussi souvent le résultat de déficiences du sommeil, d'une carence en certains nutriments (dont la vitamine D) ou d'une trop longue période de régime ou d'un programme d'entraînement stricts.

Épilogue

Nous avons couvert beaucoup d'habitudes, d'exercices et de changements de mentalité qui t'aideront à devenir une personne plus disciplinée. Cependant, cela ne signifie pas que tu devrais commencer à changer tous les aspects de ta vie tout de suite. Pour de meilleurs résultats, choisis une ou deux choses que tu aimerais améliorer, puis une fois que tu as effectué les changements et que tu es devenu plus discipliné, poursuis avec d'autres domaines de ta vie.

Si tu n'es pas en bonne forme physique, travailler sur ta santé et ta vitalité devrait devenir ta priorité. Il n'y a pas d'autre objectif plus important que de développer des habitudes saines. Sans un corps sain, rien d'autre n'a d'importance.

Passer d'une personne en mauvaise santé et en surpoids à une personne en forme et dynamique est l'un des meilleurs changements que tu puisses effectuer pour développer ta discipline générale. Avec des niveaux d'énergie renouvelés et un sentiment accru de bien-être, tous les autres défis seront beaucoup plus faciles et plus agréables à réaliser.

Apprendre à être cohérent et à tenir bon est le secret le plus puissant derrière la force mentale et l'autodiscipline. Si tu adhères à ta routine et atteins un objectif à long terme dans un aspect de ta vie, il sera plus facile d'obtenir le même résultat dans d'autres domaines. Le succès a tendance à engendrer le succès, mais tu dois d'abord faire l'expérience de petites victoires ; et elles sont les plus cruciales dans le domaine de la santé et de la remise en forme.

Si tu es déjà une personne en bonne forme physique, n'hésite pas à choisir n'importe quelle autre habitude ou exercice. Idéalement, choisis quelque chose en rapport avec tes objectifs à long terme.

Si tu te retrouves à renoncer lorsque tu travailles sur des objectifs difficiles (ou si tu as tendance à passer d'une chose à l'autre sans jamais maîtriser quoi que ce soit), choisis une compétence ou un sport difficile à maîtriser et consacre-toi au processus d'apprentissage. Utilise-le comme un outil pour l'introspection et la construction de tes propres armes pour faire face à des pensées et des comportements autodestructeurs.

Tout ce qui est précieux dans la vie exige du temps et du dévouement. Le monde veut que tu prouves que tu te soucies de ce que tu recherches. Seuls ceux qui peuvent maintenir la discipline, la motivation, la détermination et l'engagement à long terme seront récompensés par la réalisation de leurs objectifs. Si tu manifestes ce genre d'attitude et que tu t'en souviens constamment, je suis sûr que tu franchiras tous les obstacles et que tu arriveras où tu veux.

Inscris-toi à ma newsletter

J'aimerais rester en contact avec toi. Inscris-toi à ma newsletter et reçois mes nouvelles publications, des articles gratuits, des cadeaux et autres e-mails importants de ma part.

Inscris-toi en cliquant sur le lien ci-dessous : http://www.profoundselfimprovement.com/frnews

Peux-tu aider ?

J'adorerais connaître ton opinion à propos de mon livre. Dans le domaine de la publication de livres, il existe peu de choses plus importantes que les avis honnêtes d'une grande variété de lecteurs.

Ton avis aidera les autres lecteurs potentiels à savoir si mon livre est pour eux. Cela m'aidera aussi à toucher plus de lecteurs en améliorant la visibilité de mon livre.

À propos de Martin Meadows

Martin Meadows est le nom de plume d'un auteur qui a dédié sa vie au développement personnel. Il se réinvente constamment en faisant des changements radicaux dans sa vie.

Au cours des années, il a fait des jeûnes de plus de 40 heures, appris deux langues étrangères tout seul, perdu plus de 13,6 kilos en 12 semaines, géré plusieurs entreprises dans des industries variées, pris des douches et des bains glacés, vécu sur une petite île tropicale dans un pays étranger pendant plusieurs mois, et écrit un roman d'histoires courtes de 400 pages en l'espace d'un mois.

Pourtant, l'auto-torture n'est pas sa passion. Martin aime tester ses limites pour découvrir jusqu'où va sa zone de confort.

Ses découvertes (basées sur son expérience personnelle et sur des études scientifiques) l'aident à améliorer sa vie. Si tu veux repousser tes limites et apprendre comment devenir la meilleure version de toi-même, tu adoreras les œuvres de Martin.

Tu peux lire ses livres ici :

http://www.amazon.fr/-/e/B00U97LQGG

© Copyright 2017 par Meadows Publishing. Tous droits réservés.

Traduit de l'anglais par Marie-Alice Baker.

La reproduction partielle ou complète de cette publication sans approbation expresse écrite est strictement interdite. L'auteur apprécie énormément que tu prennes le temps de lire son œuvre. Essaye de prendre le temps de considérer lui laisser un avis là où tu as acheté le livre, ou d'en parler à tes amis, pour nous aider à faire passer le message. Nous te remercions de soutenir notre travail.

Des efforts nécessaires ont été pris pour veiller à l'exactitude et à l'intégralité des informations dans ce livre. Cependant, l'auteur et l'éditeur ne garantissent pas l'exactitude des informations, des textes et des illustrations contenus dans ce livre en raison de la nature changeante rapide de la science, des recherches, des faits connus et inconnus et d'internet. L'auteur et l'éditeur ne sont pas responsables des erreurs, des omissions ou de la compréhension contraire du sujet traité. Ce livre n'est présenté que dans le but de motiver et d'informer.

[1] Wing R. R., Phelan S., "Long-term weight loss maintenance." *The American Journal of Clinical Nutrition* 2005 ; 82 (1) : 222–225.

[2] http://fourhourworkweek.com/2012/07/12/how-to-lose-100-pounds/, internet, 10 septembre 2015. Pour davantage d'informations, lis Ferriss T., *The 4-Hour Body : An Uncommon Guide to Rapid Fat Loss, Incredible Sex and Becoming Superhuman*, 2010.

[3] Keyes R., *The Quote Verifier : Who Said What, Where, and When*, 2006, p. 160.

[4] http://quod.lib.umich.edu/l/lincoln/, internet. 25 septembre 2015.

[5] Ogden C. L., Carroll M. D., Kit B. K., Flegal K. M., "Prevalence of Childhood and Adult Obesity in the United States, 2011–2012." *The Journal of the American Medical Association* 2014 ; 311 (8) : 806–814.

[6] Duhigg C., *The Power of Habit : Why We Do What We Do in Life and Business*, 2012.

[7] Blair S. N., Jacobs D. R., Jr., Powell K. E., "Relationships between exercise or physical activity and other health behaviors." *Public Health Reports* 1985 ; 100 (2) : 172–180.

[8] DeMarco MJ, *The Millionaire Fastlane : Crack the Code to Wealth and Live Rich for a Lifetime*, 2011.

[9] Rhodes R. E., de Bruijn G. J., "How big is the physical activity intention-behaviour gap? A meta-analysis using the action control framework." *British Journal of Health Psychology* 2013 ; 18 (2) : 296–309.

[10] http://www.statisticbrain.com/gym-membership-statistics/, internet, 9 septembre 2015.

[11] Medbo J. I., Mohn A. C., Tabata I, Bahr R, Vaage O, Sejersted O. M., "Anaerobic capacity determined by maximal accumulated O2 deficit." *Journal of Applied Physiology* 1988 ; 64 (1) : 50–60.

[12] Une bonne introduction aux sprints en côte peut être trouvée ici : http://jasonferruggia.com/hill-sprints-for-fat-loss/ .

[13] Petruzzello S. J., Landers D. M., Hatfield B. D., Kubitz K. A., Salazar W., "A Meta-Analysis on the Anxiety-Reducing Effects of Acute and Chronic Exercise." *Sports Medicine* 1991 ; 11 (3) : 143–182.

[14] Raichlen D. A., Foster A. D., Gerdeman G. L., Seillier A., Giuffrida A., "Wired to run: exercise-induced endocannabinoid signaling in humans and cursorial mammals with implications for the 'runner's high'." *The Journal of Experimental Biology* 2012 ; 215 (8) : 1331–1336.

[15] Coon D., Mitterer J. O., *Introduction to Psychology : Gateways to Mind and Behavior*, 2012.

[16] Karageorghis C. I., Terry P. C., *Inside Sport Psychology*, 1969.

[17] Ryan R. M., Frederick C. M., Lepes D., Rubio N., Sheldon K. M., "Intrinsic Motivation and Exercise Adherence." *International Journal of Sport Psychology* 1997 ; 28 : 335–354.

[18] Un entraînement comprenant les flexions sur jambes, le soulevé de terre et le développé couché est supérieur à l'utilisation de machines. En savoir plus ici : http://rippedbody.jp/the-big-3-routine/ .

[19] Irwin B. C., Scorniaenchi J., Kerr N. L., Eisenmann J. C., Feltz D. L., "Aerobic exercise is promoted when individual performance affects the group: a test of the Kohler motivation gain effect." *Annals of Behavioral Medicine: a Publication of the Society of Behavioral Medicine* 2012; 44 (2) : 151–9.

[20] Feltz D. L., Irwin B. C., Kerr N., "Two-player partnered exergame for obesity prevention: using discrepancy in players' abilities as a strategy to motivate physical activity." *Journal of Diabetes Science and Technology* 2012 ; 6 (4) : 820–7.

[21] Osborn K. A., Irwin B. C., Skogsberg N. J., Feltz D. L., "The Köhler effect : Gains et pertes de motivation dans les vrais groupes sportifs. "*Sport, Exercise, and Performance Psychology* 2012 ; 1 (4) : 242–253.

[22] Polivy J., Herman C. P., "If at first you don't succeed : False hopes of self-change." *American Psychologist* 2002 ; 57 (9) : 677–689.

[23] http://www.marksdailyapple.com/exercising-when-sick, internet, 12 septembre 2015.
[24] Ogasawara R., Yasuda T., Sakamaki M., Ozaki h., Abe T., "Effects of periodic and continued resistance training on muscle CSA and strength in previously untrained men." *Clinical Physiology and Functional Imaging* 2011 ; 31 (5) : 399–404.
[25] https://www.youtube.com/watch?v=e1Vriq2ORZI, internet, 14 septembre 2015.
[26] Katz D. L, Meller S., "Can We Say What Diet Is Best for Health?" *Annual Review of Public Health* 2014 ; 35 : 83–103.
[27] Mischel W., Ebbesen E. B., Raskoff Z. A., "Cognitive and attentional mechanisms in delay of gratification." *Journal of Personality and Social Psychology* 1972 ; 21 (2) : 204–218.
[28] Shoda Y., Mischel W. Peake P. K., "Predicting Adolescent Cognitive and Self-Regulatory Competencies from Preschool Delay of Gratification : Identifying Diagnostic Conditions." *Developmental Psychology* 1990 ; 26 (6) : 978–986.
[29] Loewenstein G., "Hot-cold empathy gaps and medical decision making." *Health Psychology* 2005 ; 24 (4) : S49–S56.
[30] Ariely D., Loewenstein G., "The heat of the moment: the effect of sexual arousal on sexual decision making." *Journal of Behavioral Decision Making* 2006 ; 19 : 87–98.
[31] Dirlewanger M., di Vetta V., Guenat E., Battilana P., Seematter G., Schneiter P., Jéquier E., Tappy L., "Effects of short-term carbohydrate or fat overfeeding on energy expenditure and plasma leptin concentrations in healthy female subjects." *International Journal of Obesity and Related Metabolic Disorders : Journal of the International Association for the Study of Obesity* 2000 ; 24 (11) : 1413–8.
[32] Davis J. F., "Adipostatic regulation of motivation and emotion." *Discovery Medicine* 2010 ; 9 (48) : 462–7.
[33] Une étude sur la nécessité d'avoir une journée de triche riche en protéines : Bray G. A., Smith S. R., de Jonge L., Xie H., Rood J., Martin C. K., Most M., Brock C., Mancuso S., Redman L. M., "Effect of dietary protein content on weight gain, energy expenditure, and body composition during overeating: a

randomized controlled trial." *JAMA* 2012 ; 307 (1) : 47–55. A study about high-carb refeeding : Dirlewanger M., di Vetta V., Guenat E., Battilana P., Seematter G., Schneiter P., Jéquier E., Tappy L., "Effects of short-term carbohydrate or fat overfeeding on energy expenditure and plasma leptin concentrations in healthy female subjects." *International Journal of Obesity and Related Metabolic Disorders : Journal of the International Association for the Study of Obesity* 2000 ; 24 (11) : 1413–8.

[34] Tu peux également te référer à cet article pour des explications scientifiques : http://www.leangains.com/2010/10/top-ten-fasting-myths-debunked.html.

[35] Rosenberg J., Maximov I. I., Reske M., Grinberg F., Shah N. J., "Early to bed, early to rise" : Diffusion tensor imaging identifies chronotype-specificity." *NeuroImage* 2014 ; 84 (1) : 428–434.

[36] Irwine W. B., *A Guide to the Good Life : The Ancient Art of Stoic Joy*, 2008.

[37] Nordgren L. F., van Harreveld F., van der Pligt J., "The restraint bias: how the illusion of self-restraint promotes impulsive behavior." *Psychological Science* 2009 ; 20 (12) : 1523–8.

[38] Piché G., Fitzpatrick C., Pagani L. S., "Associations Between Extracurricular Activity and Self-Regulation : A Longitudinal Study From 5 to 10 Years of Age." *American Journal of Health Promotion* 2014, 30 (1) : 32–40.

[39] Feldman R. S., Forrest J. A., Happ B. R., "Self-Presentation and Verbal Deception : Do Self-Presenters Lie More?" *Basic and Applied Social Psychology* 2002 ; 24 (2) : 163–170.

[40] http://www.forbes.com/2006/05/20/resume-lies-work_cx_kdt_06work_0523lies.html, internet, 29 septembre 2015.

[41] http://www.apa.org/news/press/releases/2012/08/lying-less.aspx, internet, 29 septembre 2015.

[42] Bowen W., *A Complaint Free World : How to Stop Complaining and Start Enjoying the Life You Always Wanted*, 2013.

[43] http://blogs.discovermagazine.com/neuroskeptic/2012/05/09/the-70000-thoughts-per-day-myth/, internet, 2 octobre 2015.
[44] Doyle J. R., "Survey of time preference, delay discounting models." *Judgment and Decision Making* 2013; 8 (2): 116–135.
[45] Miller E. M., Walton G. M., Dweck C. S., Job V., Trzesniewski K., McClure S. M. "Theories of Willpower Affect Sustained Learning." *PLoS ONE* 2012, 7 (6).
[46] McGonigal K., *The Willpower Instinct : How Self-Control Works, Why It Matters, and What You Can Do to Get More of It*, 2013.
[47] Baumeister R. F., Tierney J., *Willpower : Rediscovering the Greatest Human Strength*, 2012.
[48] Pencavel J., "The Productivity of Working Hours." Discussion Paper No. 8129, April 2014, http://ftp.iza.org/dp8129.pdf.
[49] Baumeister R. F., Finkenauer C., Vohs K. D. "Bad is stronger than good." *Review of General Psychology* 2001 ; 5 (4) : 323–370.
[50] Ray R., McRae K., Ochsner K., Gross J. "Cognitive Reappraisal of Negative Affect : Converging Evidence From EMG and Self-Report." *Emotion* 2010 ; 10 (4) : 587–592.
[51] Cabane O. F., *The Charisma Myth : How Anyone Can Master the Art and Science of Personal Magnetism*, 2012.
[52] Carney D. R., Cuddy A. J., Yap A. J., "Power posing : brief nonverbal displays affect neuroendocrine levels and risk tolerance." *Psychological Science* 2010 ; 21 (10) : 1363–8.
[53] https://www.vitamindcouncil.org/health-conditions/depression/, internet, 7 octobre 2015.

Printed in France by Amazon
Brétigny-sur-Orge, FR